世纪波
Century Wave

[英] 彼得·库克(Peter Cook) ◎著
陈 劲 戴瑞克 ◎译

引领创新、创造力和企业发展

基于创造力根源，实现业务创新，使企业持续发展

LEADING INNOVATION, CREATIVITY AND ENTERPRISE

電子工業出版社
Publishing House of Electronics Industry
北京·BEIJING

版权贸易合同登记号　图字：01-2017-1070

图书在版编目（CIP）数据

引领创新、创造力和企业发展 /（英）彼得·库克（Peter Cook）著；陈劲，戴瑞克译. —北京：电子工业出版社，2018.6

书名原文：Leading Innovation, Creativity and Enterprise

ISBN 978-7-121-34200-4

Ⅰ. ①引… Ⅱ. ①彼… ②陈… ③戴… Ⅲ. ①企业发展－研究 Ⅳ. ①F272.1

中国版本图书馆 CIP 数据核字(2018)第 103082 号

策划编辑：吴亚芬
责任编辑：杨洪军
印　　刷：北京季蜂印刷有限公司
装　　订：北京季蜂印刷有限公司
出版发行：电子工业出版社
　　　　　北京市海淀区万寿路 173 信箱　邮编 100036
开　　本：720×1000　1/16　印张：14.5　字数：229 千字
版　　次：2018 年 6 月第 1 版
印　　次：2018 年 6 月第 1 次印刷
定　　价：56.00 元

凡所购买电子工业出版社图书有缺损问题，请向购买书店调换。若书店售缺，请与本社发行部联系，联系及邮购电话：（010）88254888，88258888。

质量投诉请发邮件至 zlts@phei.com.cn，盗版侵权举报请发邮件至 dbqq@phei.com.cn。

本书咨询联系方式：（010）88254199，sjb@phei.com.cn。

译者序

以创造力引领创新

创新是人类发展历程中的一项重要活动。创新不仅能显著地提高一个国家或地区的产业竞争力，提升企业的持续发展能力，对激发民族的自信力、发展活力亦有重要的作用。

传统对创新的理解主要停留在科技以及研发活动层面，认为只要加强研发投入、引入科技人才，创新自然得以产生。这种以科学理性为基础的创新观在现实层面会带来诸多问题，从而会消减创新的效果。

在一个充满易变性、不确定性、复杂性及模糊性的世界环境（VUCA）里，创新的方向是打造一个更美好、更幸福美满的社会，而非经济产出。创新的发展必须弘扬人性要素，特别是在组织内部如何通过管理创新鼓励杰出创意的诞生，将组织培育成“头脑型企业”，以帮助企业实现具有持续的盈利能力。

由英国学者彼得·库克完成的《引领创新、创造力和企业发展》一书，就是以弘扬人类情感动力和创造活力来激发创新为主题的商业著作。在彼得·库克的视野里，一个组织成功应对不确定性的关键是在有条不紊的前提下做出“即兴创作”（improvisation）的能力，为此，企业管理者不能过于注重理性思考，而要充分借鉴音乐，开发组织的创意才华，从而提高企业的创新能力。

这是因为，没有人性基础的创新，可能经得起理性的严格考察，但难以引起人的情感共鸣。而看起来属于感性的音乐，可以提升人的战略思考，陶冶人心的善良本性，也会大大促进人类的理性思维，从而产生更伟大的创新。

作者以音乐创作过程以及维珍、3M 和戈尔公司等众多创新型企业为例，强调重视以音乐艺术为特征的创造过程，可以大大提升企业的创新能力这一崭新的观点，“在音乐的即兴创作过程中，需要做好面对失败的准备，并要把失败看作一种能够更快得到成长的方式”。与那些避开一切风险的企业相比，彼得·库克先生的这一观点，能够帮助众多企业在 VUCA 的环境中从容发展，并且产生若干更有价值的创新产品或服务体系。

陈劲

教育部长江学者特聘教授

清华大学经济管理学院教授

前　言

人类社会经历了农耕时代，走过了工业时代，进入了信息高速公路时代。站在人类进化的转折点上，我们需要的是脑力型企业，而不再是体力型产业。为了站稳领先地位，脑力型企业需要理解更高层次的商业问题，包括领导力、创新和创造力等。在这本书的一开始，我想先和读者分享以下问题：

1. 创造力和想象力源自何处？

2. 该如何营造适宜的环境，让创造力自然发生？

3. 什么是组合式创造力？如何通过组合式创造力提升创新能力和创新性能？

4. 要把创新和创造力变成“家常便饭”，企业需要什么类型的领导力？

5. 团队创新的过程中，技能起着怎样的作用？为了提高团队的整体创造力，最有效、最可靠的工具是什么？

6. 什么是数学创新能力？如何利用数学创新能力带来更好的创意？

7. 是什么在保证创造力向创新的转化？是什么在阻碍它？

8. 如何激发企业的创新和创造力？

9. 如何在企业内部建立创业文化？

10. 从本质上看，脑力型企业究竟在做什么？

11. 文化是如何支持或者束缚创新和创造力的？

12. 组织结构是如何支撑或者约束创新和创造力的？如何应对？

13. 如何成为真正的学习型企业？

1996 年，我就这些问题写出了我人生的第一本书。从那时起，本书的基本概念酝酿了将近 20 年，至今终于开花结果。20 年来我从事过很多行业，这本书凝结了我数万小时的经验和感悟。MBA 学术和精神上的双重冒险，以及“创造力、创新和变革”旗舰课程加快了我的思考。短短 20 年间，我们的生活环境和商业环境变得越发动荡，充满了不确定性、复杂性和模糊性。这对个人和企业提出了更高要求。我们必须变得更加足智多谋，才能驾驭环境带来的动荡，才能在面对挑战时更加有韧性，愈挫愈勇、愈挫愈强。

这本书分为个人和企业两大部分。“第 1 部分：创新、创造力和你”关注创新和创造力的个人因素。“第 2 部分：创新、创造力和企业”聚焦于提高创新、竞争力和可持续性的组织因素。

↘ 第 1 部分：创新、创造力和你

第 1 章：创造力的根源

在本章的一开始，我们深入探索创造力的自然来源。这是人们较少触及的领域，但是对渴求原创思想和新鲜事物的人来说，它蕴藏着思想宝藏。

- 谈到创造力，人们不禁会问，怎样的生理心理、状态能带来最理想的环境，帮助人们做到“精神逃遁”？
- 拥有了这样的智慧，一定能够随时调用需要的状态吗？一定能够更多、更好地形成创造力，取得最期待的成果吗？
- 进一步讲，这些状态能够直接带来成功吗？如果能，我们还需要创新思维的秘诀和头脑风暴的技巧吗？
- 组合式创造力能够带给我们什么？能否帮助我们随意进入任何想要

的状态，提升创新能力和性能，就像在餐馆点菜一样方便？

本书的例证来自众多领域，包括商业、艺术、数学、科学等，不一而足，几乎涉猎了人类曾经迸发过创造力的每个领域。紧随这些例证之后，我们会稍作停顿，反思和讨论它们的作用机制。本书的探讨跨度非常广阔，从维吉尔一路延伸到维珍。

第2章：创造力和你

第2章专门讨论了一个变量，它具有无穷无尽的复杂性，它就是你本人。创新的策略浩如烟海，都离不开人的头脑、身体和精神。你本人就是最独特的那个变量。理解自己和他人的创造力偏好；掌握如何识别属于自己的创新策略，如何接纳和适配这些策略。同样的事，在不同的环境下、面对不同的人，会产生截然不同的效果。所以，我们需要的是一整套本领，而不是一句空洞的口号。

本章还会探询一些心理模型，并把它们和不同的问题结合起来。这些问题涉及模糊性、问题的发现、机会的寻求、决策及执行等方面。换句话说，也就是发散式思维和聚合式思维的全过程。接下来是克服个人创造力障碍的各项策略，有些情况下，它是引领创新、创造力和企业走向成功的关键所在。我们还引入了数学创新能力的概念，它是一种既简单又高效的思维策略。它有着广泛的适用性，可以当作已有方法的有益补充。

第3章：创新领导力

领导者营造适宜的氛围和文化，创意才能生根发芽，成长为社会组织的一部分。所以说，创新在很大程度上依赖于组织的领导者。在这一章，我们通过整合视角审视领导力和管理问题。两者是不可割裂的，这与很多专家（也是权威人士）是一样的。我们还会探询权力、影响力和权威的三位一体组合，讨论领导者和管理者的优雅问题，也就是获得影响力和追随者的充分和必要条件。

你是不是鼓励更有创意的领导者？在组织的内部，有人会像创业者一样兜售那些尚处于萌芽阶段的创意，有人致力于培育新鲜事物，帮助它们通过适宜的方式成长壮大。我们在一个较广的范围内考察多种方法，用来改善各种类型的关系、影响身边的人。

孤立的分散式领导思想之下的“独狼”式领导者未被纳入考虑范围。其中的道理好比一支爵士乐队，它的“指挥棒”不是固定在某个人手上，它会从一个人的手里传递到另一个人手里，依照的是每位乐手的专长和能力，而不是对潜在权力的运用，或者对恐惧感的操纵。

为了实现影响力的最大化，我们需要怎样的知识、技能和价值观来调整领导姿态和方法？我们对一些重要的价值观、策略和工具赋予了全新的看法，帮助你做出最明智的决策。为了更好地说明这种领导力，我们还引用了强生、beCause 和辉瑞公司的例子。

第 4 章：创新工具

为了实现创造力和第 1 章提到的组合式创造力，本章讨论了各种类型的个人状态。它们是抵达创造力核心的最直接途径。当我们在团队和企业里与他人合作时，它能提供发散式思维和聚合式思维分享规程和路线图。本章提供了一整套可靠的“大胆地发散、小心地聚合”的工具样本，覆盖从稚嫩的创意向实际创新转化的整个过程。当个人的努力不足以实现目标时，当你需要有关参与的分享规则时，它是创新和创造力之歌的“散页乐谱”。

然而，在通向卓越的漫漫长路上，“散页乐谱”只能把我们带到这里。真正的思考艺术大师善于利用不完美和错误，去超越“一成不变”的状态。我们在本章对比了“散页乐谱”方法和“即兴发挥”方法，观察两者对奇思妙想的不同作用。

本章还提出了一些建议，帮助你设计自己独特的干预方式。团队中发挥创造性思维是一门精妙绝伦的艺术，本章提供了与此相关的一些想法。它们来自本人20年来为企业设计干预策略的实践经验。我合作过的组织有很多，包括强生、联合国、联合利华和罗氏制药等。

第5章：失败与成功

对于任何一位态度端正的创业者或者企业领导者来说，如果要他们坦诚地谈论自己的创新之路，他们一定会讲述通向成功路上一连串的失败。本章旨在考察失败的案例，广泛收集来自理查德·布兰森爵士、辉瑞公司、3M、Space Synapse以及阿斯利康等企业和企业家的真知灼见。读者可以清楚地看到，为了改善组织的失败与成功比，这些企业和企业家付出过怎样的努力，得到过怎样的教训。

我负责和参与过的项目有很多。我曾与一家非常大胆的企业筹划过一次破纪录的环球旅行项目，最后的结果只能用“光荣的失败”来形容。在这一章里，我会原原本本地讲述这家企业的内幕故事。因为这个故事的教训是放之四海而皆准的，对于一心尝试新鲜事物的企业领导者和创业人士尤其重要。

无论是对个人、团队还是组织来说，只要它是真正地乐于学习、善于学习的，那么失败比成功的意义更大，更能教会我们如何创新。然而，习惯性的防卫程序会成为拦路虎。我们罗列了大量帮助企业从困境中学习的策略，有的是很简单的小改进，有的是根本性的大变革。这些策略立足于数学创新模型背后的运算法则，尤其是减法法则和除法法则。

↘ 第2部分：创新、创造力和企业

第6章：创新和企业发展

把创新的需求乘以更大数量的人数，你就会发现，集体创造力和它的创新转化变得异常复杂。然而，只有当创新和创造力在整个企业展开时，真正的回报才看得见。这并不代表抹杀个人通过标准方式发挥天分的尝试。然而，不可否认的是，在个人创造性活动与很多企业因为效率的考虑而做出的系统性工作之间，存在着一定程度的张力。脑力型企业能够成功地疏导这种张力，它们的方法是管理那些不可避免的悖论，而不是简单粗暴地一笔勾销。

在这一章里，我们从创新的战略视角入手，仔细考察各个子要素，介绍了大都会银行、芬达公司和戴森公司的创新案例。在提升甚至倍增创新潜力的同时，领导者还要扫除创新路上的种种障碍。我们开发了数学创新能力和创新管道的概念，帮助读者兼顾微观和宏观，既见树木，又见森林，做好减法和除法，清空行之无效的僵尸策略。

第 7 章：建立创新文化

一家企业要么在可持续发展的基础上繁荣发展，要么萎缩直至消亡。我们会发现，在这个过程中，文化的力量总是高于战略的作用。遗憾的是，作为一种无形资产，文化的力量只能借助有形的外在得以显现，往往很晚才能体现在商业周期中。文化很难在一家企业的资产负债表中体现出来，也无法通过任何一种精打细算的方式量化。但是，每当我们成为一家拥有卓越文化企业的客户或者员工时，总能清楚地感受到文化的力量，如得逻辑、维珍和 Widget 等企业。

在这一章里，我们审视了文化对创新和创造力的影响，识别了适宜的文化条件，让创新和创造力得到更大发展的可能性。文化是可以悉心和大胆地设计的，也是必须这样做的。这是为了员工的利益，并且最终让客户、股东以至全社会获益。我们开发了创新管道模型，用于更好地发现机会、提高创意创新比率。

第 8 章：面向创新的组织结构

如果文化的作用是为奇思妙想设置恰当的语境，那么，组织结构的功能就是保证创新的成功实施。组织结构既包括正式要素，也包括非正式要素（如组织结构的设置、基于信息和知识的结构等），还包括不那么正式的要素，如企业边界内外的政治架构和网络关系等。好的组织结构不一定确保帮助创新和创造力，但是，糟糕的组织结构一定会构成妨碍。良好的组织结构带来更高的从创意到可实施、可持续创新的比例，它会让成本更低、速度更快、回报更高。和很多创造力大师的断言不同，我们认为，组织结构并非创造力的死敌，它更像不可缺少的伙伴，就像盐和胡椒，糖和醋，阴与阳等关系一样。想把一种创意落在实处，两者缺一不可。我们还延伸了创新管道模型的范围，把组织结构对创新和创造力的影响包含在内，以便回答下面的问题：

- 如何做到一边保有初创企业精神的敏捷性，另一边驾驭企业的规模效益？
- 如何最大限度地发挥矩阵式结构和群体的力量，把控那些我们“管不着”的人的创新能力？
- 如何建立无须正规权力和控制力的合作式组织结构，在创新管道中更快地前进？

我们以 Bandcamp 和 Cantium Scientific 两家组织为例，描述那些运用不一样的方法自我组织、实现成功的敏捷型企业的样貌。

第 9 章：开发创新能力和性能

创新和创造力的文化和组织结构一旦就位，接下来需要解决创新活动的水平、效果和效率，以及创造力向创新的转化问题。也就是企业如何运用自身技能和资源撬动创新优势的问题。

- “培养”和“购买”创造能力，孰优孰劣？如何鉴别那些既富有创造力又能融入企业氛围的全能型人才？
- 要培养能力、提高性能、为更好的创意带来更健康的源泉，可选的方法有哪些？

- 创新氛围的概念高深莫测，例如，谁能描述使人全身心投入其中的完美氛围的准确样貌？如何培育和发展这种氛围？
- 如何运用业绩指标管理创新型人才？怎样超越“胡萝卜加大棒”的陈旧策略，从群策群力的局面中获益？
- 在脑力型企业的发展过程中，财务和知识的作用是什么？如何从90度的数据管理转变为360度的知识领导？

第 9 章的例子来自清纯饮料、维珍集团、戴森公司和德国的软件企业Ingentis。

第 10 章：成为真正的学习型组织

“学习型组织”的概念是彼得·圣吉在20世纪90年代提出的，也许因为它过多地领先于当时的时代，这个概念没有立即得到广泛的接受。在如今的时代，变革的过程来得更加持续不断，速度也更快。与如今的各类商业项目不同，它不存在清晰可辨的开始和结束节点。早在敏捷组织、适应性组织或者学习型组织这些概念诞生之前，流程创新的概念早已存在了。未来的世界将只存在两种企业，一种是快捷的、创新的、敏捷的、灵活的、强韧的企业，另一种是倒闭的企业。在这一章里，我们探讨如何让你的企业成为前一种类型，如何让灵活性、快速反应能力和适应能力成为企业的战略特征，并把这些战略灌输到企业肌体的每一个细胞。为此，我们的讨论集中在以下几方面：

- 在 VUCA[①]环境中，变革是如何发挥作用的？
- 从日常工作的角度出发，真正的学习型组织看上去、感觉起来是怎

① VUCA，原为军事用语，V 代表“易变性”（Volatility），U 代表“不确定性”（Uncertainty），C 代表“复杂性”（Complexity），A 代表“模糊性”（Ambiguity），该理论流行于 20 世纪 90 年代。——译者注

样的？

- 如何通过合作、创造性切换，以及在全球范围内发挥集体力量实现可持续性创新？如何更快速地学习？
- 为了通过学习带来源源不断的竞争优势，诺基亚和富士胶片分别采用了怎样的做法？

“实用学术”方法

我想通过这本书把自己经验的三大支柱合而为一。第一个支柱是引领创新企业和创造型企业的实战经验，它来自我多年以来在学术领域的研究和 MBA 项目的教学经验。第二个支柱是我在音乐行业多年的艺术经验。第三个支柱是我作为作家和音乐演奏家的经验。我为这种横贯多个行业的实用主义混合体起了个别名，叫作“实用学术”。它的方法包括如下含义：

1. 要研究足够数量的创新型企业，唯其如此，才能取得足够广泛的策略和战术，才能在自己的企业中撬动创新和创造力。它能够帮助你找到属于自己的、行之有效的秘诀。它不是照猫画虎地“复制、粘贴”别人的做法，而是从自身的实际出发、放开手脚、灵活变通地把它们变成自己的方法。说到底，这才是取得可持续性竞争优势、成为领导者的要义，而不是做一个追随者。

2. 我很幸运，在我的个性形成时期，有机会在惠康基金会工作。它是一家慈善性质的制药企业，深谙“把工作做好，利润会随之而来”的道理。这家基金会是两位慈善家在 19 世纪创办的[①]，它成立的初衷是让世界免于热带疾病的困扰，利润大部分用于医学研究。与强生、吉百利和皮尔金顿

① 惠康基金会（Wellcome Trust），英国慈善基金会，以提高公民和动物健康福利为宗旨。1936 年由英国制药巨头亨利·惠康爵士创办。作者“两位创办人”“成立于 19 世纪”的说法似乎不准确。——译者注

一样，惠康基金会当时的很多工作放在现在都会被冠以“创新”“可持续发展”或者“商业伦理”的字样。无一例外地，这些企业远远领先了自己所处的时代，我在这本书里引用了它们事业的一部分，以免它们被彻底湮没在流行时尚的尘土之中。

3. 人们对工作的创新和创造力的求索，不应当囿于自己的小小世界或企业中。作为一位音乐人，我深深地感觉到，成功的即兴演出和商业上的创新和创造力是何其相似，艺术与科学之间是多么共通。我们从商业领域、艺术界、数学领域和科学界广泛地收集例证，这就像一次神奇的秘境之旅，我们要探寻的思想，即使对于管控最为严格的企业组织来说，一样具有最实用的意义和相关性。

4. 一个想法，只有在转化为实际的创新时，才算真正实现了自身的创造性。为了完成这本书，我的妻子艾丽森不知疲倦地为我提供各种建议，她用锐利而睿智的实用主义批评提高了这本书的整体水平。她的方法让战略顾问和商业咨询师难以望其项背。

我对领导力、创新和创造力的话题沉迷不已，无论它是关于工作还是关于娱乐，欢迎读者通过下面的方式与我联络：

电话：+44 (0) 7725 927585

电子邮件：peter@humdyn.co.uk

网址：www.humdyn.co.uk; www.academy-of-rock.co.uk

本书的网址：http://humdyn.co.uk/books

彼得·库克

目　录

第 1 部分　创新、创造力和你

第 2 部分　创新、创造力和企业

第 1 部分

创新、创造力和你

第 1 章 创造力的根源

农业、信息、创造力与创新

30 年之前，弗雷德·默迪和比尔·盖茨意识到，企业竞争优势的基础已经发生了根本转变。它从久远的农业时代已转入工业时代，又从工业时代驶入了信息高速公路时代。他们当时著名的论断是“微软公司唯一的公司资产就是人的想象力”。相应地，尽管早在人类第一件石器工具诞生起，人脑的能力已经开始发挥作用，但是，我们依然可以把它粗略地称为从“体力型产业”向“脑力型企业”的转变。

2015 年，杰出的神经系统学家丹尼尔·列维廷在一项研究中提出，如今人脑每天吸收的信息量比 1986 年足足多出 5 倍。在每天的休闲时间里，一个人要处理 34GB 的信息。按照中文字量计算，这些信息足足达到 20 万字。还记得比尔·盖茨那句著名的断言吗？他说过，每人每天处理 640KB 的信息就足够了。当我写这本书时，全球最大的住宿服务供应商爱彼迎没有一间房产；全球最大的出租车公司优步没有一辆汽车；世界最大的社交媒体脸书没有创建过一个字的内容。人类已经走过了工业文明，正式地从春种秋收的时代发展到使用智能手段处理信息的时代。脑力型企业的核心资产之一正是人类的想象力。这种想象力是通过网络分布的，不仅通过人类的关系网络，还要通过计算机控制的网络。在这样一个世界里，战略也在发生相应的改变。它从过去的长期计划变成了灵活姿态。知识的半衰期像自由落体一样短暂，成功的关键在于投入怎样的创造力，产出怎样的创新。在信息呈指数式增长和高度不连续性的时代里，要么适应和创新，要么消亡。这个道理从来没像现在一样真实和迫切。不连续的变化也给企业的领导者带来了各种根本性的挑战，包括：

1．如何为个人的脑力和潜能做乘法，带来脑力型企业的发展？怎样在工作中把个人的天分和集体的福祉、财富和快乐联系起来？

2．怎样把珍贵的、多姿多彩的个人才华纳入创新团队和整个脑力型企业中？从传统的雇主雇员关系角度看，有些人不是我们“所有”的，只有与他们合作，才能将个人才能与企业融为一体，如何做到？

3．如何保持脑力型企业的新鲜度和灵活性、韧性、反脆弱性[①]？在全球范围之内，人类的知识、技能和经验变得越来越移动和便携。该如何在这样的环境里创造条件，实现可持续的创新，保持卓越？

我们的领导力之旅从几项有关创造力的定义开启。

↘ 为艺术而艺术

有的时候，人们对艺术的创造性局限于独特性本身，标新立异就是意义所在，未能足够地关注它对社会的实际功用。这种天马行空的创造力很有用，因为在大多数情况下，人类社会作为一个整体想取得进步，需要的恰恰就是独特性的本体价值，这一点无论对艺术、企业乃至于一个行业都是适用的。但是，在商业世界里，为独特而独特的做法往往带来为了商业而商业的结果，如没有用户、没有市场的商业概念等。对于类似“富于创造力的人也许需要‘潜伏’20 年，才能拿出绝妙的创意”的说法，我工作过的绝大多数企业都不太买账。有些企业希望创造力像“自来水”一样，只要拧一下水龙头就会汩汩地冒出来，他们的终极目标是：会拧水龙头就够了。

---

① 反脆弱性（Antifragile），指在遭遇震荡挫折时依然能做到业绩的提高，从无序中获利的特性。——译者注

适宜性

所谓创造力，就是想得出既新颖又恰当的创意。

威廉·科因博士，3M 公司研发部高级副总裁

3M 的案例很好地说明了适宜性的重要性。想法（创造力）要得以转化为成功的、可持续的结果（创新），才算得上成功。这也是商业作家和演讲家汤姆·彼得斯关于战略主题提到的。汤姆认为，对比良好的战略和实际的落实，后者每次都能取得完胜。他的看法是正确的。适宜性常常和市场上想要的和急需的对象紧密相连。而时机是适宜性的关键要素，莱昂纳多·达·芬奇早在 1488 年就发明了直升机，但是人类当时不具备适宜的工程技术，无法在当时的条件下把达·芬奇的发明转化为实际可用的创新。同样的道理，如果克莱夫·辛科莱的 C5 环保车再晚 30 年发明，彼时公众的环保忧患意识会达到更高水平，它也许可以取得更大成功。令人讶异不已的是，亚历山大港的希罗居然在公元一世纪提出了自动门的概念，它由蒸汽驱动，主要用于庙宇。对很多行业而言，一项发明来得太早，结果和太晚没什么区别。

感知之窗

发现就是见他人之所见，想他人之未想。

阿尔伯特·圣捷尔吉

创造力丰富的人用不同的眼光感知环境。在他们眼中，问题意味着机会。通过改变参照物赋予问题完全不同的感知结果，这种重构的艺术和技巧可以帮助他们洞悉事物的核心本质。圣捷尔吉是“发现”维生素 C 的诺贝尔奖生理学家，而他最初的研究对象是植物为什么会变成棕色的问题。感知之窗的重构和扭转是一项非常实用的创造力工具，在应对现实生活中的“抗解”问题，或者面对各种机会时，我们常常会用到它。

多样性是必要的。有的时候，必要的多样性会带来不尽相同的感知结果。多样性并非“可有可无”的、空泛的概念，更不是只有人力资源部门才会关心的话题。如果你真的把创新当成要紧的事，就需要非常认真地聘用和启发那些

“看上去就是个外行”的人。日常的多样性常常是成对出现的。无论是在音乐、科学还是商业领域，成对出现的多样性不胜枚举：列侬和麦卡特尼、乔布斯和沃兹尼亚克、罗斯福和塔夫脱、沃森和克里克、西蒙和加芬克尔等。他们的个性和风格如此迥异，以至于彼得·圣吉称之为“创造性的张力”。在初创企业里，这种多样性的基本单位常常表现得非常明显。相比之下，大型集团企业的创造力显得问题重重。究其原因，问题在于这些企业与生俱来的沟通的复杂程度。因此，雇用天资聪颖、博学多才的人就成了合作的替代性方案。问题在于，这类人才很难找到。更难的是，他们往往特立独行，很难成为容易相处的同事或者合作者。他们喜欢离群索居地单干，不希望被别人打扰。

进步的过程

我有很多从事工程、科学和技术工作的同事，在他们眼里，创新和创造力是一种过程。它包含数个发展阶段，只有按部就班地逐一完成，才能实现真正的进步。正是在这种看法的作用之下，才会有人把创造力看作水龙头，想开就开，想关就关。这当然是一种值得一提的目标，但它算不上现实的想法。因为创造力的过程本身具有相当程度的重复性和随机性。提到过程，最经典的观点来自沃拉斯（1926 年），他提出的结构经受了时间的考验，主要包括五个阶段：

1. 初探——发现和明确问题/机会。
2. 准备——通常是完成基础工作的阶段。
3. 酝酿——在很多情况下，无意识的过程在这个阶段发挥其最大的效用。
4. 顿悟——峰回路转、柳暗花明的顿悟通常发生在这个阶段。
5. 验证——完成创意的验证，获得他人的接纳。

过去几十年间，“水龙头式的”急躁带来了“解题思维症”，这种疾病四处滋生蔓延，在企业里为祸尤甚。也可以称它为“解决方案式的思考方式”，这个名字更糟糕。它指的是，人们急于为眼前的问题找出立竿见影的解决办法，而不是先去理解它，并且找出多种办法。通常来说，这是种巨大的错误。举例说明，人类急于消灭一切害人虫，大量使用抗生素对付传染病。这在无形中带来了新问题：微生物耐药性问题。因为“解决方案式的思考方式”，人类一手制造了可怕的“超级细菌”。据估计，如果无法解决耐药性问题，到2050年，“超级细菌”将在全球范围内引发3亿人死亡，造成100万亿元的经济损失。当然，也许人类根本不可能预见到耐药性问题，而且抗生素确实挽救了无数人的生命。但是，摆在我们面前的难题是，为了对付现在的传染病，人类已经想尽了一切办法，让自己的才智翻上一番。今后怎么办？所以，除了最显而易见的问题之外。我们需要先理解问题，找到所有替代选项，再着手“解决之道”不迟。离开了诊断，所谓的“解决方案”很可能是错开药方，把情况变得更糟糕。

化学元素周期表是一个很好的例子，它充分说明了“酝酿”在创新过程中的重要作用。德贝莱纳首先注意到元素间存在着某种模式。1828年，他根据各个元素的化学特性，把元素按照三个一组排列，提出了三耦律理论。30多年之后，法国地质学家德·尚古尔多阿发展了这个理论，他按照原子量把各个元素排列起来，并在1863年发表论文。1865年，约翰·纽兰兹把元素按照八个一组从轻到重排列，提出了元素八音律的理论。1886年，纽兰兹借助音乐的概念向化学学会阐述了他的理论。然而化学学会拒绝发表他的论文，理由是用音乐的譬喻来解释科学的理论是“不严肃的”。同时，纽兰兹的理论也存在一定缺陷，因为一些元素并不太“符合”他提出的八音律。直到几年之后，门捷列夫完成了实质突破，他的元素周期表是现代化学周期表的基础。他对自己的理论信心十足，在自己绘制的元素周期表上为尚未发现的元素留出了空白位置。由此可见，在达到第五个阶段，完成验证之前，这个漫长的酝酿阶段足足进行了50年之久！这个故事还说明了两个道理，一是在推销一项理论时，选择正确的听众是非常重要的；二是最终的正确往往是建立在过程中犯过的错误基础上的。

↘ 创造力的根与苗

关于创造力的根源，一千个人有一千种说法，从神意到运气，一直到古希腊人称道的“技艺”，众说纷纭，不一而足。按照“技艺”的说法，通过精细策略和工具的运用，创造力是可以策划和组织的。然而，没有一个说法对创造力本身的来源做出过完整的、自圆其说的解释。下文罗列了一些主要的说法，帮助读者思考和得出自己的结论。很重要的一点，这些说法为我们提供了一种抛砖引玉的契机，为潜在的灵感和想象力留出了进一步探索的空间。可以运用不同的实现策略做出思考，包括“组合式创造力”的方法，它是我创造的一个概念，指的是人们通过组合途径，把各具优势的多种方法合并在一起使用，带来别具一格的创造力。

创造力随处可能发生——找到你自己的创造力源泉

↘ 天意

有些人仿佛受过神灵附体式的启发，有些人看上去天赋异禀，这一点很少有人质疑。柴可夫斯基就是一个终极的例证，上天在他的心里播下了音乐的根苗，他的使命就是让音乐破土萌芽、茁壮成长。为此，他不得不在自己的生活中舍弃音乐以外的一切。据说，凯库勒发现苯环的化学结构，也是因为突发而至的灵感，来自梦境的灵感。他梦见一条蛇咬住自己的尾巴，形成了一个环形。也有人说，凯库勒可真是个故事大王。

我把椅子转向炉火的一边，打起盹儿来。无数个原子蹦蹦跳跳地回到我的梦里。这一次，它们组成了一个个小群，飘浮在梦境的背景里。我睁大心智的眼睛，看它们翩跹往复，这次看得更清楚了，我能清晰地分辨出一些更大的结构，千变万化的阵列，那些较长的队列有时紧紧挤在一起，不同的原子群不停地扭曲缠绕，像一条条飞蛇在空中游动。突然之间，快看！那是什么？一条长蛇咬住了自己的尾巴，形成一个圆环的样子，在我眼前诡异地盘旋着。我猛然惊醒，就像遭雷劈一样……诸位，我想我们都应该以梦为师。

阿瑟·库斯勒，1964 年

把神性当作创造性的来源，会在实际工作中造成令人尴尬的困境。理由很简单，如果天才神授，我们什么都做不了。至少，在我工作过的绝大多数企业中，人们不会雇用几个公认的全才，然后等上 20 年，一直等到上天的意旨降临到这些天才身上的一天。我和杰出的教授阿德里安·弗纳姆还有伦敦大学学院和帝国学院的一些教授交流过。很明显，即便在大学里，也要在研究目标和工作期限的约束下开展研究工作，没人会守株待兔地等待上天托梦给自己。尽管如此，创造力神授的看法依然存在一定市场。在有些组织里，人们雇用富有天分的人才，支持他们自由追求自己的目标。

➘ 我可真幸运

如果三思而行，我可能根本不会尝试。文献里充斥着失败的案例，它们提醒着你：你什么都做不到。

斯宾塞·西尔弗，谈到他为发明 3M 报事贴所做的试验

关于创新过程中“幸运的突破”这个概念，它的证据在史料中随处可见。糖精就是一个广为人们称道的例子。纯属偶然的一次机会，一位化学家在实验室里吃午饭，因为他做实验后忘了洗手，偶然发现了糖精的甜味。当然，这样的事根本不会发生在现代实验室里，因为我们对健康和安全的要求已经发展到了近乎偏执的水平！话虽如此，对企业来说，纯粹的幸运根本没有吸引力，就像他们也不看好“天意”一样。企业偏爱可管理的、能够开发的创造力源泉。

因此，对企业的领导者来说，更有吸引力的问题是：好运气能策划吗？我们将在第 8 章讨论组织结构时回到这个话题上。

↘ 可以计划的好运气

练习得越多，运气就越好。

阿诺德·帕尔默，高尔夫球手

想让好运气如约而至，需要积极主动的心智模式，有意识地寻求更多的选择，留心更多的机会。换句话说，看似妙手偶得的创造力，只有在看到和抓住更多机会的前提下更有可能降临。这是创业家的强项，如理查德·布兰森爵士、史蒂夫·乔布斯等。通过计划实现幸运，这是对企业具有更大吸引力的命题。它意味着，通过筹划和安排，更有可能获得富有成效的创造力，发生的频率也更高。

我提到的“可以计划的幸运”究竟是什么意思？通过一个绝佳的例子来说明，它是枸橼酸西地那非，也就是后来称为“万艾可”（俗称“伟哥”）的药物。按照原本的计划，西地那非是用来治疗心绞痛的一种药物，但它的疗效并不理想。在临床试验中，护士们发现这种药物的副作用会引起男性患者的勃起。假如辉瑞公司没有要求医院对临床使用的副作用保存完备的记录，或者没有认真分析这些记录，可能根本不会有万艾可，更不会上市销售。这就是计划、分析和机缘巧合的最好例子。通过万艾可的例子，我们不难发现，创造力和分析是形影不离的好伙伴。

放在企业里，创造力本身并非能够带来“因果关系”分析的决定性要素。尽管如此，众多富有创造力的企业，如戈尔公司、富士胶片和辉瑞公司等，都会精心设计自己的业务，迎来更多更好的“好运气”。

血、汗、泪[①]

创新离不开坚韧不拔的毅力。这个观点和认为创造力专属于“阁楼里的诗人”的看法是不相容的。托马斯·爱迪生就是一个经典的例子。爱迪生的创新方式是试错法，他认为失败是走向成功的必由之路。在妇孺皆知的发明灯泡的故事里，爱迪生经历了一千次失败的实验，随后他向自己表示祝贺，因为只剩下一种没有试验过的可能性了。在戴森真空吸尘器问世前，詹姆斯·戴森一共制作了 5 127 种原型机，这用去了他 15 年的时间。这两个例子都采用了“爱迪生式”的工作方法，实现了系统性的创新。这种方法每次试验只做一点改变，可以很方便地追踪自己的进度（或者倒查进度）。

创造力策略：有计划的幸运

我想说的是，它（灵感）与机会的充分利用密切相关，这里的机会指相互远离的两个现实在相配的平面上发生联系的机会。

布鲁斯特·吉斯林，1985 年

通过这个观点可以看出，恩斯特比较认同机缘巧合和异类联想能够带来新创意的说法。实际上，他比较认同有计划的幸运，认为艺术家可以通过对机会的充分把控实现有计划的幸运。策略和创造力不是相互专有的。

技艺

古希腊人信奉“技艺”，它是个人和组织经验的总和。某些流派的思想认为，人的创造力是天生的，而不是后天形成的。天才看上去似乎存在某种基因的作用，这种作用看起来在不同性格类型人群中的分布极不均衡。这些观念极大地束缚了人们的手脚，也不符合各类型人群都能够施展创造才华的事实。就有些策略和技能而言，富有创造力的人们天生就会使用，但是，“不那么有创

① 出自温斯顿·丘吉尔的著名演讲。1940 年 5 月 13 日，丘吉尔临危受命出任英国首相，并在议会下院发表演讲，原文为：“……我没有什么可以奉献，除了我的热血、辛劳、汗水和眼泪……”（…I have nothing to offer but blood, toil, tears and sweat…）——译者注

造力的”的人也可以通过学习来掌握它们，提高自身的创造能力。就像照着活页乐谱演奏，或者照着菜谱做菜一样简单。在这本书的调研过程中，我问过很多人，他们拥有创造力的秘方是什么。我把一部分收集到的答案放在这本书里，读者可以在每章的“创造力策略”栏目里找到这些小花絮。在研究辉瑞制药爱尔兰公司的案例时，我们将看到“技艺”的成功运用，这家企业把创新变成了公司的常态。接下来讨论几项创造力背后更具可移植性的普遍原则。

自然发生的创造力策略

现在，让我们把注意力转移到“如何”产生创造力的问题上。多数个人创造力工具和技巧，如综摄法、六顶思考帽、迪士尼创意策略、TRIZ[①]等，属于多个创意技巧基本单位的堆砌。如果把这些基本单位比作一块一块的积木，这些方法就是积木搭出的各种造型。对这个课题 20 年的研究告诉我，真正理解这些自然造就的积木块，勤加实践，就可以按照自己的实际需求拼砌出自己想要的策略、工具和技能。企业引导创新和创造性的成功案例不胜枚举，它们都把策略和工具的设计发挥到了最优程度，并结合了企业的背景或需求，而不是简单粗暴地使用专有工具。接下来，我们来研究几块“积木”。

异类联想与聚焦

创造就是把看上去毫不相关的事物联系起来。

威廉·普洛默，南非作家，1903—1973 年

诚如普洛默所言，把明显不相干的想法随机组合在一起，会带来新颖的创意，这个想法得到了大量证据的支持。阿瑟·库斯勒把这个过程命名为“异类联想”。下面是异类联想的几个例子：

① TRIZ，发明问题解决理论，由苏联发明家阿利赫舒列尔在 1946 年所创立，英文的写法为“Theory of Inventive Problem Solving”，是一个包括由解决技术问题，实现创新开发的各种方法到算法组成的综合理论体系。——译者注

- 皮尔金顿浮法玻璃。阿拉斯泰尔·皮尔金顿爵士带领他的研究团队成功研制出浮法工艺之前，制作玻璃是一件劳动密集、耗时费力的工作。主要原因在于，为了得到光洁通透的镜面，必须对玻璃表面进行打磨和抛光。皮尔金顿的独家工艺是通过浮法完成的，玻璃溶液从熔炉中浇铸完成后，流淌到熔融的锡水上，盛放锡水的池子有网球场一般大小。漂洗玻璃的创意是阿拉斯泰尔洗碗时偶然想到的，一个漂在水池里的盘子引起了他的注意，他一边盯着盘子，一边想能不能用同样的办法制造玻璃。从那时起，皮尔金顿开始构思和设计网球场大小的洗碗池，把它装满熔融的锡水，让玻璃浮在锡水上。也许很多人都曾想到过类似的主意！重要的是，只有皮尔金顿把自己的想象付诸行动。这花去了他七年的时间和一大笔钱。它是通过辛勤劳动把灵感转化为创新的典型案例。
- 猫眼。珀西·肖发现，城里的电车轨道被拆除了，这带来了很大的不便。原本铁轨在夜里可以反光，帮助夜间开车的人认清道路，这座城市需要一种新的、可以嵌在路面里的反光材料，提升夜间驾驶的视线。他把猫的眼睛的反光特性和这种需求联系在一起，发明了猫眼。

异类联想依赖至少横跨两个专业领域的思考能力。因此，专家反而不擅长异类联想，因为他们只擅长一个学科，无从开展联想。在这种情况下，创意团队的优势就显而易见了。创意团队通常由来自互不相同的学科的人们组成。这也解释了头脑风暴小组和“智库”的潜在优势，这些小组或者智库的成员来自跨度广泛的各个学科，包括那些初看上去似乎无用，甚至风马牛不相及的学科。我很幸运，在最近几年参与过几个类似的小组，和伦敦帝国学院的同人合作完成了几项航天和医疗方面的突破性发明。这类活动的一项组织原则是足够宽广的学科跨度，确保在各学科之内和之间产生异类联想和发酵作用。

SCAMPER 是一项创意清单，每个字母代表一种可以激发异类联想的方法。很多创意方法论包含这样一种潜台词：可以把随机发生的“错误”用作扭曲固有思考框架的工具。类似的技巧有很多，如形态分析法、辩证思维、“8个I”等。它们是典型的以异类联想为基础的方法论。除了有意的犯错以外，用好偶发的错误也很重要，也是为复杂问题找到答案的方法之一。

也有些人习惯使用聚焦的方法获取更高的价值。对他们来说，互不相干事物的随机组合很难带来新奇的想法。

超然与牵挂

法国哲学家西蒙娜·薇依（1909—1943 年）谈起过对“超然”的看法，在我们看来，它与“分心”的意思比较接近。薇依认为，只有超然物外，才有可能抓住事实的真相。在创意和创新的历史上，重大的发现往往发生在不上心或者不经意的时候，如洗碗、熨衣服、刷墙、盖房子或者装修时等。身边的环境为你提供了什么？这是非常值得留意和发现的。正如有人坐在澡盆里发现了重力，瑞士工程师乔治·德·梅斯特拉尔有一次散步回来，发现心皮种子勾在自己的袜子上。仔细查看时，他发现这些种子上长满了小钩子，牢牢勾在袜子的纤维上面。维克罗（钩毛搭扣）就是这样发明的。另外，全身心地投入和专注于眼前事务也是必不可少的。诺贝尔物理学奖获得者理查德·费曼就非常相信亲力亲为的作用和开展实验的价值，他说过：“为了让有用的想法尽早发展壮大，我会尽可能快地失败。

领导者都很清楚，低价值的活动可能对创意的产生具有极高的重要性。就像人们常说的“只会工作，不会娱乐”是不够的。他们也很清楚，每个人都需要对自己梦想的全神贯注。在新时期的各种创意方法中，有的以专注为最根本的设计原则，包括冥想和催眠等；有的反其道而行之，把超然当作根本设计原则，包括投射方法、六顶思考帽、星际迷航方法、超级英雄、非线性交谈等。

有一种立足于“神经语言程序”原则的实用方法可以带来超然的境界。该原则认为，人们看待一个问题或者一个机会时，一共存在三种视角：第一视角、第二视角和第三视角。第一视角是当事人视角；第二视角是利益相关方视角，如客户，或者受到解决方案影响的人；第三视角是超然的、旁观者的视角，它有一种置身事外的妙处，对整个过程的观察更加客观清晰，也就是我们常说的“旁观者清”。

超然还有一种表现形式，我称为“暮光地带”。你是否有过这样的经历：在刚刚进入梦乡，或者半睡半醒之间时，忽然与绝佳的创意不期而遇？事后还能清楚记起吗？“暮光地带”产生过大量的创意，这得到了许多人的证实。凯库勒发现苯环的故事就是一个最经典的例子，它告诉我们，打盹也可以带来伟大的思想。

创造力策略：大卫·鲍伊——随机组合与异类联想

大卫·鲍伊的很多歌词都是词句的随机组合，他从大段的文章中截取出词语和短句，把它们随机组合在一起。鲍伊的做法效仿威廉·巴勒斯和“垮掉的一代”20世纪50年代的独特创意手法。很多人的创造力和系统思考方法都有赖于不相关事物之间的强制关联。鲍伊的创作使用了很多种方法，包括报事贴、Snowballing，还有我们将在第4章谈到的LVT等。其中一个很好的例子是他的全球金曲“Ziggy Stardust and the Spiders from Mars”。在这首歌里，鲍伊使用语言碎片为另一面的自己拼贴了一幅诡异的自画像。布莱恩·伊诺采用了类似的方法，制作了名为“迂回策略”的创意卡片组，正是这组卡片启发了鲍伊的柏林三部曲。

独处与群集

我孤独地漫游，像一朵云……

威廉·华兹华斯，1807年

一项关于思考方式的研究表明，有60%以上的样本报告：独处有助于创意。在有些情况下，他们需要的只是一个安静的可以用来思考和反省的场所。其他情况下，需要借助某种活动的辅助（如烹饪、演奏乐器、运动、洗热水澡、散步等）。有些创造力主体强调了互动和团队合作对创新思想的重要性。对于这些五花八门的重点，我只能表示部分认同。例如，有些人，尤其性格外向的人，必须通过社交活动得到启发，想出平日想不到的好点子。然而，独处也很重要。它提供了一个宝贵的空间，让个人的反思在其中孕育发生。对于那些需要“个人思考空间”的人来说，这一点极其重要。一个人能够从向内的思考中获得更多，想想它对工作、建筑和会议设计方式的启示，可以看得非常明白。

有些创意方法强调独自工作的重要性（如头脑写作）。这些方法让一个人作为独立的个体做出贡献，而不是头脑风暴团队的一名成员，头脑风暴依靠的主要是外向型成员。研究确认，大胆的创意更多的是通过更加个人化的头脑写作方法实现的，尽管它在极大程度上受到引导师工作质量的影响。此外，一些基于计算机的创新思维方式也让独处变得越来越方便。必须注意的一点，这些方法存在着各种各样的缺点。在第 4 章中，我们会探究个人创新方法。有些人必须通过团队合作才能产生更多新点子，我们也会研究适合他们的方法。

↘ 天真与老道

既然蠢笨陷我们于混乱，为什么不让它救我们出去？

威尔·罗杰斯，演员，1879—1935 年

有些情况下，要突破一个领域的陈规，长期积累的经验是必不可少的。而在其他情况下，经验越多，产生新颖想法的可能性就越低。哈利·贝克的故事说明，异想天开比长期经验更重要。1931 年，贝克产生了绘制现代伦敦地铁路线图的想法，他的大胆创新主要体现在两方面：

- 为了提升易读性，他放大了伦敦市区的部分区域。
- 忽略传统的地理惯例，只使用横线、竖线和 45 度斜线。这种简化的做法提高了地图的导航能力。

贝克带来了一幅充满活力、方便易读的地图。尽管经历了多次修订，贝克最初设计包含的基本创新得以保留，成为现代地图的“主导设计”。他的设计得到了全世界地铁地图的广泛模仿和采纳。哈利·贝克是一位电气工程制图员，他的路线图更多地归功于电路，而不是制图技艺的惯例。这是一个从天真的想法中孕育创意的好例子。假如贝克只是一位制图专家，我们可能至今也看不到现代样式的路线图。在这个例子中，成功的关键在于天真，在于做一个“聪明的傻瓜”。

再说专长。在制药领域，人们普遍相信，科研工作必须由资深的科学家主

管，他们要在相关领域钻研十年甚至更长的时间才行。这就是马尔科姆·格拉德威尔提出的所谓的“一万小时现象”。如今的时代，很多人每三年就要谋求一次职业生涯的提升。得失之间，焦躁不安。似乎大家认为在一个行当里长久地工作是不时髦的。这一现象为创新带来了极大的启示。

创造力策略：格特·约翰尼斯·肖尔茨——公园漫步

发散式思维和聚合式思维，以及审慎思维和自由思维相互作用的时刻，就是我写作效率最高、创意成效最丰富的时刻。我的思维和认知模式说起来非常简单。

找一天的早上，我会拿出 3~4 小时用来工作。一开始，我会专注于已有的主题和信息，借助特别的注意力，合成和阐释书面上的想法。我要把各个模式和范例的精要提取出来，这个过程需要聚合式思维。当我沉浸在各类信息及其来源，有意识地提取书面信息时，我的头脑吸取和处理的信息量之大，远远超过我能感受到的程度。

如此工作一小时之后，我会拿出 15 分钟散步。我用这种方法休息大脑，融入身边的环境中。在这段时间里，大脑把互不相干的思想碎片归纳在一处，合并成一个有意识的新想法；两个相隔十万八千里的思想片段，一旦合并在一起，产生出新意义时，我们会情不自禁地发出“啊哈！”的欢呼。这是豁然开朗的美妙瞬间。在很多个上午里，我会花上大约三小时写作，每工作一小时左右，我就会花上 15 分钟来一次短暂的“公园漫步”。

束缚与自由

有人说艺术家的创意来自痛苦的折磨，我很认同这个说法。没有了折磨，我们要向何处求助？

大卫·拜恩，媒体采访，《卫报》，2001 年 4 月 7 日

在电影《吉他英雄》中，吉他手杰克·怀特宣称，技术让人类变得懒惰，而懒惰对创新是有害的。怀特说的是对的。我的第一把吉他只值十英镑，琴弦

距离琴颈足有一厘米远（稍有些夸张，但没有太离谱），我的手指不得不花费更多的力气。大家告诉我，可以把琴颈大大地弯转下来，就像平克·弗洛伊德乐队的大卫·吉尔摩做过的那样。怀特故意为自己选了质量很差的乐器，强迫自己用不一样的方式演奏，或者更努力地工作。关于这一点，怀特说得非常形象：如果拿到乐器需要走三步，我会让自己站到四步以外。他用这种方式强迫自己更努力地工作。

和流行的观点恰恰相反，从很多方面来说，束缚对创新是有帮助的。伊桑巴德·金德姆·布鲁内尔发现，没有一个方便的办法抵达康沃尔，他对此深感懊恼。加入没有这种束缚带来的懊恼，他也许不会设计建造大西部铁路[①]。更不会用宏大的眼光设想，从帕丁顿火车站买上一张车票，就可以从伦敦直达纽约。

很重要的一点，要把“真实的束缚”和“想象的束缚”区别开来。真实的束缚类似物理学定律，而想象的束缚往往是个简单的假想。举例来说，某种做事的方式，一旦成为一个人的习惯或者一个行业的范式，它就变成了“想象的束缚”。拿我自己的经历为例，我曾经领导过一支团队，负责世界首款艾滋病药物的研发工作。对我们来说，时间是“真实的束缚”。我们需要打破传统的药物开发流程时间，尽可能快速、安全地推动这款新药上市。与此同时，我们供职的惠康基金会是以制作片剂的经验闻名于世的。在当时的情况下，这成了我们的“范式反应”。我们最终选择了胶囊剂型，虽然我们对胶囊剂型没有半点经验，但是它可以保证最快、最安全地把药物送入市场，交到患者手上。我们不得不一边学习，一边快速开发这款产品。在这个案例里，我们冲破了人为制造的“我们一直都是这样做的”的束缚。

要搞清楚一个问题或者机会，必须理解它的必要条件。对思维机敏的人来说，这也许是小菜一碟。但是，对大多数人来说，它是需要付出努力的。多年以来，我使用“煎蛋法”帮助人们理解这些必要条件。查尔斯·汉迪曾给我写过一封私人信函。他告诉我，在撰写《空雨衣》时，他曾经有过与我类似的想

---

① 大西部铁路（Great Western Railway），覆盖伦敦西南部、英格兰西部和部分威尔士地区。该铁路由伊桑巴德·金德姆·布鲁内尔设计，1838 年通车。——译者注

法，他称之为“甜甜圈模型”，这让我兴奋不已。根据煎蛋模型的要求，需要在“需求和目标”与“束缚”之间留出足够的“思考空间”，为创造力留出用武之地。这就是“选择”，或者借用机械师的术语，叫作“自由度”。对于企业领导人来说，这是一个方便的模型。可以帮助在面对艰难决定时做出充分的思考。如果没有足够的选择，就不会有足够的创新导入空间（鸡蛋煎煳了）；如果选择过多，就会发生“抗解问题”（变成了炒蛋）。我们将在第 3 章详细讨论这个问题。

从个人角度来看，理查德·布兰森爵士的诵读障碍症没有捆住他的手脚，反而成了他开发新选择的有用的束缚。他需要别人代替他解决一个个具体问题。这让他成为一个能够培养深度信任的人，一个擅长授权的人。由此可见，必要需求是维珍集团的发明之源。

↘ 含混与确切

西格蒙德·弗洛伊德认为，神经官能症是人类对无能容纳含混情况的表现。容纳（甚至享受）含混情况的能力，一直都是分辨更富有创造力人群的有用标准。如同所有伟大的科学家一样，他们对未知和不可知情况有着与生俱来的好奇心。这也让他们和别人截然不同，别人更喜欢问题得到解决（如通过折中方案解决问题）。通过一系列自洽但天然不兼容的参照物，可以培养出感知环境的习惯和思想。如果这种做法能够保持一段时间，从认知失调的张力中浮现出新颖想法的可能性是很高的。对于战略问题，或者天然具有复杂属性的问题来说，这一点尤其重要。

如何把这个想法变成实用的做法？我们来看特雷弗·琼斯爵士的“太难”公文篮。我在惠康基金会工作时，特雷弗是我的领导。惠康基金会是一家慈善性质的制药企业，致力于医疗创新和根除各类热带疾病。特雷弗设置了一个名为“太难”的公文篮，专门放置人们交来的无法落实的想法。“太难”的原因有很多，其中包括时机不够成熟。他系统回收了这些想法，放在“太难”文件里。一旦时机成熟，他会积极地把这些想法推销出去，就像企业内部的创业者一样。正是由于这一策略的系统属性，以及对时间和时机的充分认知，让纯粹依靠运气的事变成了“可以计划的好运气”。

失调与协调

商业环境中的认知失调一词是利昂·费斯廷格创造的，它描述的是同时持有两个或者更多相互冲突想法的情况。在音乐领域，人们很容易理解失调的概念。当两个音符组成一个不稳定音色组合时，我们称之为不协和音程。它会带来粗砺刺耳的听觉感受。在西方，失调主要用于音乐领域，用来配合大调、小调和蓝调音阶。在东方，印度音乐更多地借用西方传统音乐的一些音阶。听听乔治·哈里森的《拥有你，失去你》，卢·里德的《金属机器音乐》或者印度尼西亚的甘美朗音乐，可以对西方范式中不协和音程的音阶和音调有一个基本的概念。

以开会为例，每当有人提出超出传统思维模式的想法，遭遇一片沉默，它就是工作中的失调。会议结束后，有人用“疯狂”“糟糕”甚至“邪恶”来形容别人时，这也是一种失调。工作上的失调往往带来数以百万英镑计的经济损失，还会浪费时间、错失商机、造成想法贯彻不彻底等问题。关于工作中的认知失调的问题，格里·约翰逊曾做过清晰的论述（1987 年，2007 年）。当我们说服别人接受新思想，迎接新变革时，这个概念会表现出特别的重要性。

我曾投入过大量的时间，帮助人们用好工作中的失调，制定适宜的策略，帮助企业脱颖而出。我的方法帮助过很多企业，如联合利华。它是世界上第一家使用体型富态的女郎推广美容产品的企业。这一做法大大挑战了当时的行业惯例。想把新颖的想法、心智模式或者范例匹配在一起，“协调”是更好的选择。想想那些你喜欢的产品广告，你就会明白，要说服更多人花钱购买你的产品，“协调”扮演着如何重要的作用。

创造力策略：莎拉·温米尔——关于超然

我发现，最旺盛的创造力往往来自最单调乏味的事物。比如说，我正在写一篇学术论文，不用问，我所有的衣服都该洗了。

我把衣服分好类，塞进洗衣机，按下按键。在接下来的大约一小时里，我可以继续阅读和写作了。一小时很快过去了，洗衣机的蜂鸣声响起，我从书桌边起身，到花园里晾衣服。我发现，晾衣服这种重复性体力活动可以把刚刚看过的东西从脑中清除干净，为创造性漫游腾出足够的空间。有了这一点，再加上眼前景物的变换和新鲜的空气，常常会在我开始洗下一批衣服、返回书桌时带来思路的新变化。

我和许多人一样，都曾有过和莎拉类似的感受。对我来说，如果某件工作的截止时间很紧张，而我又需要从日常生活的压力中跳脱出来，我会跑去坐火车。事实上，本书的一部分就是在火车上完成的。我惊喜地发现，作为一位“启发式教育工作者”，莎拉的方法和杰出的神经系统科学家丹尼尔·列维京博士的方法完全一致。

企业领导者要听得进与企业现行战略不够协调的想法，这是非常重要的。要努力尝试每天发挥好奇心，把自己对不同想法和创意的评判尽可能地向后拖，这就可以在新想法、对潜在可行性的理性评判，以及想法的影响力之间拉开足够的距离。

组合式创造力

前文讨论过的各种方法都可以单独使用。但是，更常见的是，一项创新总是多种方法组合的结果。这些方法和创造型人群独特的“秘诀”非常相似。既然如此，为什么不尝试组合式创造力，把前面提到的各项原则调和在一起，择其善者而用呢？举例来说，思考一下“详尽的天真”，在这个原则下，人们从完全新手的角度出发，主动地、深层次地介入一个问题或者一个机会。思考一下“互动式超然”，在这个原则下……你怎么看？

七项创造原则

异类联想与聚焦	独处与群集	束缚与自由
超然与牵挂	天真与老道	含混与确切
		失调与协调

例如，把天真和老道结合起来。它可以通过“液体纸张”的例子来说明。贝蒂·奈史密斯·格莱姆是一位秘书，她从刷标语的人身上学到了这个方法，把它等比例缩小，发明了用水基油漆和小刷子修正错字的方法。她和儿子的化学老师合作研究了五年之久，终于为“液体纸张”修正液找到了的完美配方。

组合式创造力要把两项不同的要素放在一起。它实际上是一种附加策略，我们会在下文探讨“数学创新能力”概念。好的创意离不开四则混合运算法则：加法、减法、乘法和除法，缺一不可。

创造力策略：三个 B

毫无疑问，你一定听说过有关创造力的三个 B：床（Bed）、浴缸（Bath）和酒吧（Bar）。事实证明，许多人的创意都是在这三个场所获得的。究其背后的原因，可能与这些场所带给我们的状态有关，如超然、独处等。以酒吧为例，酒精能够关闭人脑对反常想法自我审查的能力。在极端情况下，酒精还会让人忘掉原本的计划。把原计划抛在脑后本来就是创新的必要条件！

创造力策略：詹姆斯·戴森爵士的方法

在詹姆斯·戴森的采访中，他这样评价自己的创造技法：

在戴森公司，人们很难脱离正确的思维轨道。每次走进研发部门，我都会得到启发。与这么多富有创造力的人共事，我总是能想到新奇的点子。我和我的工程师们并肩工作，观察每个项目的研发进度。这着实令人兴奋。戴森的工程师总是跟随问题的引导，各种问题引起的挫败感驱使他们不断前进。他们的目标是真正管用的解决方案。

回到家里，我会禁不住思考白天在公司见到的一切，把新点子和设计修改画下来。这就像评选“詹姆斯戴森奖”全球入围方案一样。这些发明致力于解决日常问题，采用令人惊叹不已的、真正突破性的方法，如戴森等。以“MOM 保育箱”为例，它让早产儿在生产初期拥有更高的存活率。还有 Bump Mark，它向消费者通报食物的过期时间，减少消费者对无效食物标签的依赖，大大减少了食物的浪费。

思考

作为一种个人素质，创造力是可以培养的。有些天然因素也对创造力有所帮助，如好的运气、个人性格等。然而，在创新和创造力主要通过脑力型企业分配的情况下，仅仅依靠机缘巧合和天分是远远不够的。

简而言之，创新工具和技巧是一组具体的、“行之有效”的方法的组合，还包括一些潜在的状态。很多时候，极端状态可以成为创新的有效手段，如完全的沉浸和彻底的超然等。通常来说，日常的状态很难带来自由奔放的、激烈的化学反应，也很难激发出创意的火花。

只要我们充分理解自身创造力从何而来，就能创造条件，让自己和同伴的头脑发挥出最大的效能，把自己和同伴置于最好的创造力状态之中。

很多自然创新状态都是积木式基本单位的组合。应该鼓励自己，更多地尝试组合式创新，找到适合自己的“甜区”[①]和抵达“创新内核”的通道。

---

① 甜区，体育术语，指球拍的最佳击球区域。——译者注

第 2 章 创造力和你

心智倾向常常跟随身体的温度而变化。

古希腊理学家、哲学家盖伦，公元 129—200 年

心智、胆汁与颅骨

“心理学”一词源于古希腊文化，主要体现的是希腊字母“ψ”和“生命”一词。心理学和与心智哲学的结合，或许可以归功于亚里士多德。但是直到 19 世纪，心理学才正式成为一门独立的学科。关于现代心理学的一项主要认识来自勒奈·笛卡尔，他引入了二元论的概念，第一次从根本上把心智与身体分开谈论。在他之前，有关心智的思考都是建立在身心一致的前提下的。这催生了一批针对心理状况的药物“疗法”，它们以四种体液为基础：黑胆汁、黄胆汁、黏液和血液。具体的方法包括放血术、杯吸术等。到了启蒙时代，随着科学方法的提高和公众对解剖学的认识，人类才开始真正理解精神为何物，尝试为之定性和定量。尽管如此，体液学说的影响还深深遗留在我们的思考方式和语言里，相关的产品甚至会堂而皇之地摆在大型商业街道两旁的药店货架上。举个例子，我们有时会形容某人“容光焕发”，这个词语恰恰来自体液理论，原意为“多血质的”。

到了 1908 年，弗兰克 · 帕森斯开创了如今广为人知的心理测试方法。他向被调查者提出了 116 个问题，涉及目标、强项和弱项等方面。帕森斯还测量了被调查者的颅骨尺寸，这个做法似乎为“脑力型企业”带来了全新的定义。帕森斯相信，前额更大的人适合做律师或者工程师；“走兽型”的人适合从事体力劳动。现在看来，这一切显得非常好笑。但是，它毕竟开启了一个全新的时代。从此以后，人类的心理学知识取得了长足的进步。接下来，我们来看几种定性的创新方法。它们是我使用多年、行之有效的好方法。请放心，这些方法很现代化，不需要测量你的颅骨尺寸，不需要服用催吐药，更不会往你身上放水蛭。

创造力的“4P 模型”

我为什么离开待遇优厚的工作，走上创业之路？原因有很多，其中之一是英国公开大学商学院的 MBA 旗舰课程“创造力、创新和变革”。它是简 · 亨利、约翰 · 马丁和大卫 · 梅尔三位老师的杰作。作为学生，我非常喜爱这门课。于是，我决定去做这门课程的辅导员，借此机会更加深入地学习。那是我的“顿悟一刻”。那时起的 20 年间，我帮助人们寻找解决问题的办法，各种天才的、绝妙的、应对 VUCA 问题的解决之道。简、约翰和大卫为这门了不起的课程构建了一种创造力模型，它由 4 个“P”字组成，分别代表创造型人群的四种习惯。这个模型历久弥新，它的概要是：

积极性（Positivity）。持之以恒的、视问题为机会的习惯。能从挫败中迅速恢复，广纳批评意见的能力，不让困难阻碍前进的脚步。积极性和没有边界的乐观主义不同。后者是一种弊病，它拒绝接受任何批判性思考，它是初创项目和创业失败率居高不下的原因之一。我发现，这种弊病在商界普遍存在。很多人拒绝接受批评意见或“消极”的看法。这种做法往往导致非常惨痛的失败。乐观主义者认真尊重客观环境的现实，而有些人选择屏蔽它，两者之间存在着天壤之别。关于“屏蔽者”的教训，我们会在第 5 章约翰 · 奥特韦的极端例子中看到。

玩兴（Playfulness）。重拾儿时的灵感之源，去冒险，把乐趣和幽默运用在思维过程中，带来灵活的思想和行动。它还包括有胆量站在主流思维和行为方式以外，并以此为乐。玩兴可以是实际的行动，也可以是精神活动。例如，有的机械工程师喜欢把玩零件，借此发现新的设计思路，这是行动层面的玩兴。有时候，精神层面的玩兴更重要。假如爱因斯坦没有做过御光飞翔的思维实验[①]，可能就没有狭义相对论的诞生。在有些企业里，如果不存在开展试验的空间，“玩笑”能很好地起到“头脑演练”的作用。有一家伦敦的再保险公司很好地做到了这一点，那里的员工告诉我，长时间的工作会令人精神麻木，灵感和创意统统陷入停滞，而幽默感是他们唯一的“逃生通道”。

因为在业余时间帮助任天堂公司开发PlayStation，也就是后来索尼公司的王牌游戏机，久多良木健几乎丢掉了自己的工作。当时，多数索尼高管认为，久夛良木健的副业不是严肃的新产品开发项目，纯属分神和浪费，应予严办。幸亏索尼时任CEO大贺典雄慧眼识英才，他看到了这项发明的价值，他预见PlayStation将成为索尼的王牌产品。截至1998年，PlayStation贡献了索尼公司40%的利润。这是玩兴转化为利润的活生生的例子。

热情（Passion）。受到强烈的、支配性的目的驱使，对达到目标近乎偏执的强烈意愿。相对于“热情”，有些人更偏爱“目标”。在我看来，热情和对目标疯狂的执着是完全不同的。前者是有的放矢，而后者是对单一目标的痴心和偏执。两者之间的差别既微妙又重要。

坚持不懈（Persistence）。坚持不懈体现在两句谚语的差别上：“如果开始没有成功，再试试看。”和“如果开始没有成功，换个法子，直到成功为止。”刚性的坚持不懈要不得，它和摇滚乐手在台上疯狂甩头很相似，都会引发头疼。我们需要的是灵活的、有弹性的坚持不懈。它是成功创新的重要特征，特雷弗·贝利斯、居里夫人和理查德·布兰森爵士都是这种坚持最好的榜样。

有人注重经验法则多于心理测量，“4P模型”可以成为他们天然有效的指

① 爱因斯坦的光线（Einstein’s Light Beam）：爱因斯坦在自传中提到，他在16岁时做过一个思维实验，假设自己能够以光速在一束光线的旁边运动，那么他看到的光线将是“在空间上不断震荡但停滞不前的电磁场”。——译者注

南针，为个人、团队和企业标示出他们在各个坐标系中的位置。现在的人们大多迷信定量分析。实际上，一些优质的、传统的经验主义是有益而无害的，尤其在测量指标本身并不完全科学的情况下。下面是创新潜力定量分析的几种方法。

创造力策略：“4P 模型”在戴森公司的运用

“戴森商店”是“4P 模型”的应用实例。戴森真空吸尘器用旋风系统取代了尘袋，它把灰尘粒子分离成 0.1 微米大小。无论吸收了多少灰尘，它能始终保持恒定的吸尘效果。这一重大突破让戴森公司一举超越了所有的竞争对手。和很多创新一样，戴森吸尘器的产生来自发明者对当时产品各种束缚的不满：

> 我发现那个吸尘器没有吸力了。于是我把尘袋取下来倒空，可它就是不吸尘。
>
> 詹姆斯·戴森

詹姆斯·戴森发现问题出在尘袋里的一薄片灰尘。他把吸尘器拆开，仔细研究，发现只有当气流透得过尘袋的细孔时，吸尘器才能工作。这个问题极大地刺激了詹姆斯，他最终发明了戴森牌双气旋真空吸尘器。从概念设计到上市，足足用了他 15 年的时间；从产品发布到商业上的巨大成功，又用了 10 年。戴森在开发阶段共计制作了 5 127 款原型机。他采用“爱迪生式”方法，每次测试只做一个改进，直到他的发明达到完美的程度为止。这是对“坚持不懈”四个字最好的诠释。

突破上市的阻碍

事实证明，有些专家就是不停制造挫败感的人。1982 年，詹姆斯·戴森想和一家美国大型厂商谈合作。对方告诉他，除非事先约定，把会见提到的创意所有权交给他们，否则就不见他。10 年之后，威尔士事务大臣拒绝了戴森的开发补助申请，这位大臣先生坚信，如果真的存在更好的吸尘器，那些大型厂商早就开始生产了，怎么会轮到戴森头上？凭着坚忍不拔的毅力，戴森最终找到了一家代工厂，并从劳埃德银行获得了一笔60万英镑的贷款，他的发明终于进入了市场。

市场调研是不够的

市场调研称，透明的集尘桶是不受欢迎的。这一断言的立足点是：人们不会欢迎透明的集尘桶，因为他们不想被邻居看到自己家里有如此多的灰尘。戴森没有理会这个说法。事实证明，戴森是对的。因为市场调研做不到充分的消费者需求预测。利奥·芬达、史蒂夫·乔布斯等很多人都曾忽略市场调研的结论，坚持自己的直觉和观察力。在本书的后半部分，我们将再次回到戴森公司，进一步认识这家充满创新和创造力的企业。

创造力策略：玩兴——从托儿所到董事会

米歇尔·扎尔是国家慈善基金会Beanstalk的志愿阅读导师，她的工作是帮助有阅读困难的小朋友。她白天在英国人事特许发展协会工作。米歇尔在两份工作间发现了共通之处。

阅读困难的孩子会落后于同龄人。很多时候，这会影响他们其他方面的学习和社交能力的开发。我们会先找到孩子们最喜爱什么，从这一点出发，逐步培养他们的阅读技能。我们把教材和整套的阅读计划放在一边，选择孩子们喜闻乐见的任何读物，只要他们喜欢的、能让孩子们笑都可以。这种做法非常成功，孩子们重拾了阅读的乐趣，踊跃地参与到阅读中来。

英国人事特许发展协会，我们的工作是帮助开放创新的文化扎好根基。看得见的改变包括引入创新区，放置环形座席和豆袋沙发，非正式的小组讨论区，宽松的着装要求等。相比之下，行为的改变需要更长的时间。我们发现，物理环境的改变很容易，只有行为的改变才是关键，它能让企业变得更富创新性和创造力。就推动玩兴而言，鼓励孩子们在托儿所读书，和鼓励会议室里的创新话题，两者有着直接的共性。

有一段时间，我们的会议内容、风格与会议室的新环境很不协调，这让人感觉非常别扭。慢慢地，大家的行为开始变化，越来越有动力去做冒险的事。大家的想法变得越来越有创造力，如果觉得一件事情不够完美，或者做错了什么，我们会觉得，哦，那没什么。

幼儿园的孩子们天生就是冒险家，他们在探索和游戏中冒险。这种玩兴对办公室里的“大孩子”们同样重要。富有创新性和玩兴的文化往往同时孕育着风险和创新，希望更多的企业向孩子们学习。

心理测量

20 世纪的大量研究以“创造力可以测量吗”为题。到了 21 世纪，更重要的问题在于“应该测量创造力吗”、“如果应该，何时测量”。在第一批提出智商测试无法测量创造力的心理学家中，吉尔福特是一位杰出的代表，他也是“发散式思维”和“聚合式思维”概念的创造者。发散式思维是面对开放命题不受限制的看法。聚合式思维把命题限制在一个问题对应一个答案的范围之内，通常与智商测试相关。想用心理测量的方法来测量创造力，还需要引入其他手段，并且认清这些手段的优势和不足。约翰·克里斯用“开放的”和“封闭的”形容这两种思维方式。

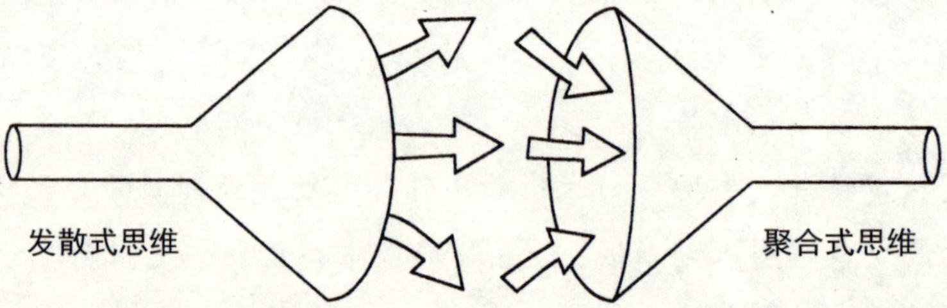

吉尔斯在创造力讲座上指出，更多的人把多数的时间用在封闭模式上。这样的做法自有它的用意。例如，你想跳过一条山涧，在纵身一跃的那一刻，你需要的无疑是聚精会神的封闭思维，而不是头脑风暴、集思广益、寻求替代性方案的开放思维。而在很多其他的情况下，我们需要的是开放模式。所以，开放（发散式）和封闭（聚合式）能力缺一不可。发散式思维是奇思妙想的先决条件，奇思妙想能够带来创新的产品和服务；聚合式思维是适宜性、决策和行动的根本前提。创新思考技巧能够带来不同的思考维度，有的是“分阶段”的方法，有的采用“一起来吧”方式，兵分几路，同时展开。我们将在第4章仔细研究这些方法。

↘ 适应还是创新？这是一个值得考虑的问题[①]

富有创造力的人往往被视为“异想天开”，他们的想法似乎和当前的需求（机会）没什么关系。但是，商业创新既可以是惊涛骇浪，也可以是涓涓细流。创新可以通过持续的增量变化为人所知，通过设计、制造和交付产品服务的形式逐步实现。不是所有的创新都需要蒸汽机一样的突破性。迈克尔·柯顿教授开发了一项行为风格的连续统一体，涵盖了适应者和创新者的各种创新行为。“柯顿适应者-创新者清单”为创新思维提供了一项双极测量工具。它的典型特点包括：

从32分到160分的正态分布，平均分为96分。得分在96分以下的人被归类为适应者，96分以上为创新者。宽泛地说：

适应者习惯借助规则解决问题；

创新者改变或者打破规则。

适应者	创新者
立足于原始问题和可能的解决方案，提出足够多的想法	提出很多想法，其中很多无法解决问题
提出多数人更有可能接受的想法	重建或者重构问题，提出很少人能接受的、出乎意料的解决办法，这些办法通常会挑战已经被普遍接受的做法
可能对一项或者少数几项想法做出更深入的探究	很多尚不成熟的想法

① 标题模仿了莎士比亚的名句：《哈姆雷特》第三幕开场哈姆雷特王子的独白：“生存还是毁灭？这是一个值得考虑的问题”。——译者注

续表

适应者	创新者
在问题框架内找出解决办法，尝试过的、已理解的、安全、确定、可预知的解决办法	提出与主流范式相去甚远，可能遭到主流范式强烈抵制的想法
提出风险最低的、持续性和稳定性最高的想法	想出风险更高的想法

想要成功的创新，适应者和创新者缺一不可。柯顿指出，在柯顿适应者–创新者清单分数落差大于20分的团队里，存在着冲突的风险。这并不代表应竭力避免这样的团队，因为在管理得当的前提下，冲突能够为创新带来很高的价值。变革的推动者和领导者可能出现“错位的”分数（例如，一群创新者中的一位适应者，反之亦然）。这也许可以解释，在没有其他情感支撑的情况下，团队中的少数派为何会感到孤独。一项对柯顿模型的批评指出：在适应行为带有创新性时，对创新者的社会期许会出现偏差。这缘于社会对“创新者”这一称谓非此即彼的使用。适应行为和创新行为可能由商业和公共领域的看法推定。下面是几项实例。

理查德·布兰森本质上属于适应型。尽管他的企业遍及各个领域，尽管他精心设计的特技赢得了比维珍帝国的规模还要高的宣传效果，他依然属于适应者。因为在布兰森绝大多数企业的背后，都以现有产品或者服务的提升为原则。有的行业需要通过承担可控风险、缩短与客户之间的物理或心理距离、提升交付速度等手段获得竞争优势，布兰森的方法对这些行业的作用尤为明显。布兰森改变了诸多行业的面貌，包括保险业、航空业、铁路运输和其他需要客户前端的行业。唯一的例外是维珍银河公司，它算得上激进的、更有抱负的创新。

尽管1970年便英年早逝，吉米·亨德里克斯依然是举世公认的最伟大的吉他手之一。我和奥齐·奥斯本的吉他手伯尼·托默，以及深紫乐队的伊恩·吉兰谈起过吉米，确信了一点，他的伟大不只吉他演奏技巧那么简单：

对我来说，吉米·亨德里克斯依然是摇滚乐的创新模范。他对音乐的矢志探索远远超越了时代，直到今天依然禁得起考验。他用顽童式的手法演绎各种乐器和音效，带来远超时代的天外之音。他融合众家之长，绝妙的手法是同行们做梦都想不到的。

伯尼·托默，2013年

亨德里克斯堪称创新者的原型，他融合各种音乐创意，带来了全新的作品。他把布鲁斯和灵魂音乐、放克、硬核摇滚以及迷幻音乐巧妙地融为一体，就像一杯令人陶醉的鸡尾酒。相形之下，很多音乐家终其一生囿于单一的音乐类型。埃里克·克莱普顿在布鲁斯音乐领域精耕细作，把它带给了更多的听众，属于"适应者"的做法。假如亨德里克斯在企业里工作，他可能成为研发部门的领导人，这个部门充满了探索性质。而克莱普顿负责的项目一定属于"第一次就要做对"的类型。

音乐家乔治·克林顿是"合成者"的又一个例子。克林顿敢于使用别人不敢或者想不到的方式，完美融合了各种音乐类型。在灵魂音乐和放克音乐的发展史上，乔治和詹姆斯·布朗、斯莱·斯通并称为最关键的影响者。他在全球被采样最多的音乐家中排名第二，他的音乐被用作嘻哈音乐的样板。乔治从不畏惧失败，他把失败看作学习的契机。乔治是如何利用失败来激发创新的？可以通过他亲口讲述的一个故事来说明。读者可以在本书的配套网站上发现这个关于歌曲《原子狗》故事，网站上还有更多通过失败激发创造力的例子。

史蒂夫·乔布斯是苹果公司的创始人，他带领苹果公司取得了极大的成功。乔布斯的工作激情、勤奋和创意为人称道。同时，他也是个闲不住的、极容易感到厌倦的、说话非常直率甚至生硬的人。缺乏人际交往能力无法成就一名创新者，但它也是许多创新大师共有的人格特点。要实现可持续的创新，而不是昙花一现的创新，既需要创新者也需要适应者：创新者带来难以复制的创意；适应者把创意带入实际市场焦点。所以，如果说"适应者–创新者模型"为我们展现了创新潜力的具体一面。那么，更具普遍意义的心理测量清单会带来什么呢？

迈尔斯·布里格斯类型指标

迈尔斯·布里格斯类型指标（The Myers Briggs Type Indicator，MBTI）测量的对象是卡尔·荣格性格类型理论的各种倾向性，主要运用以下四种双极指标。

1．注意力指向？EI 指标。	
E –外向	**I –内向**
专注于外部世界的人和事。	向内关注思想世界。
2．如何获取信息？SN 指标。	
S –实感	**N –直觉**
专注于环境的现实情况，留心细节。	关注全局，掌握整体模型。
3．如何做决策？TF 指标。	
T –思考	**F –感情**
专注于客观的决策、分析和思考。	专注于以个人为中心的价值，寻求和谐一致。
4．如何处世？JP 指标。	
J –判断	**P –理解**
关心结构、计划、规则和控制。	喜欢没有组织、理解、灵活性和随意性。

它带来了 16 种不同的“性格类型”（如 ISTJ、ENFP 等）。和“柯顿适应者-创新者清单”一样，如果忽视工作风格及其关注点之间的不同，类型间的巨大差异可能会带来摩擦。但是，在有效的管理之下，各种类型能够与相反类型融洽合作，并从合作中大获裨益。各种类型得以填补被相反类型遗忘或者忽视的区域。所以，卓越的团队会消除差异，填平鸿沟，补足团队成员的弱点。下表提供了创新和创造力相关的性格类型冲突与协同简况：

冲　突	协　同
S 遇见 N：不切实际、难于跟随。	**S 需要 N**：为未来做准备，提出实用的办法。
N 遇见 S：物质主义、悲观。	**N 需要 S**：提醒现实的情况，做到现实主义、有耐心。

续表

冲　　突	协　　同
T 遇见 F：毫无逻辑、过分情绪化。	**T 需要 F**：连接感情，做到说服与和解。
F 遇见 T：爱挑剔、麻木不仁。	**F 需要 T**：做到强硬，衡量成功和收益。
E 遇见 I：孤僻、冷漠。	**E 需要 I**：达到理解和反思的深度。
I 遇见 E：肤浅、侵入性。	**I 需要 E**：建立联络、采取行动。
J 遇见 P：缺乏条理、不负责任。	**J 需要 P**：适应、收集信息。
P 遇见 J：死板、僵化。	**P 需要 J**：获得组织和完成。

创新者的 MBTI 差别非常悬殊。据估计，詹姆斯・戴森属于 ENTP 类型，理查德・布兰森爵士属于 INFJ 类型，阿尔伯特・爱因斯坦和弗朗西斯・克里克属于 INTP 类型。很清楚的一点是，没有哪一种性格类型一定能够造就创新者。它说明，我之为我，是由一组特质决定的，而性格剖面的分析结论只能说明这些特质一小部分。过去几年间，“大五类”得到了越来越多的欢迎，我们接下来研究它。

创造力策略：披头士、互补性和冲突

谈到创造力和团队的互补性与冲突，披头士乐队是个非常好的例子。约翰・列侬是一位“狂热者”，属于 ENFP 类型；而麦卡特尼是“协调者”，属于 ISFP 类型；乔治・哈里森属于“理论家”，归在 INTP 类型；而林戈是位“激进分子”，属于 ESTP 类型。当然，大家坐在一起，难免出现意见不一致的时候，而且人的性格也会随着时间发生改变。评价约翰・列侬和乔治・哈里森的性格类型并非易事。无论如何，非常有趣的是，披头士的每位成员分别属于一种非常少见的性格类型，尤其是乔治・哈里森，早在鲍勃・格尔多夫的“拯救生命”音乐会之前，各种以赈济贫困为主题的大型音乐会已经在使用他的创意了。

性格测试无法说明故事的全貌，约翰（列侬）和（保罗）麦卡特尼之间最强有力的感情纽带是什么？也许是自幼失去父母，即便他们存在再多的性格差异，这一点必定成为二人之间最深沉的感情纽带。

↘ 大五类人格测试

“迈尔斯·布里格斯类型指标”依然是使用最普遍的性格测试，“大五类”是最近涌现的一种可靠性较高的性格测试。它的五大因素包括：

1. 外向性
2. 情绪稳定性
3. 开放性
4. 随和性
5. 谨慎性

其中，开放性对创新非常重要。根据阿德里安·弗纳姆教授的研究，这项因素也是创新潜力的良好预兆。神经过敏和随和性对创新带来有趣的影响。一定程度的神经过敏对创新有帮助，因为它可以带来情绪上的敏感性。然而，过度的神经过敏会造成情绪波动和“脆弱的自我”。对创造型人才最经典也是最刻板的老套印象是：他一定是被悉心保护的人，为了他自己的安全，也为了同事的安全。从极端的角度看，这也说明了人们与创造型人才共事时的小心谨慎。尽管外向型人格能让创造型人才的社会关系和社交生活变得容易些，但是，无论如何，我们都无法断定外向型人格是不是创新最需要、最渴望的特质。正如第 1 章探讨过的，有些人只有沉浸于自我世界才会充满创造力。多数创新者更趋于内向，有些情况下，为了实现目标，内向者也会让自己做出外向行为（如理查德·布兰森爵士）。

↘ 对创新和创造力的启示

创造型人群的创意质量和数量高于平均水平，他们孕育这些创意所需的时间同样高于平均水平。所以，不宜对他们做出瞬间判断，这很可能妨碍发明性探索。这对创造型人群的管理非常重要，因为管理工作的一部分就是决策和判断。我们会在第 4 章介绍“小心地聚合”的概念，谈到这个与创新评价紧密相关的特质。

我们无法避免自身的“鳄鱼脑”倾向（人类大脑中负责反射动作和瞬间决断的部分），可以通过有意识的日常行为尽可能降低它的消极影响。举例来说，具有极强评判性格的人可以更早地开始项目，为创意的碎片化留出足够的时间。同时，尽可能把决策留到最后的一刻做出，有意地在形成决策之前把各种可能的选项考虑周全。这样可以最大限度地避免因为随意评判产生的不利影响。

“迈尔斯·布里格斯类型指标”受到各种各样的批评，多数来自各个维度的双极性质，以及重复测试所得结果的巨大差异。作为一项关于人类性格的大致描述，尽管有着这样那样的优缺点，它依然能有效地帮助缺乏自知之明的人认识自我。只要使用得当，所有的心理测试都是有价值的。

有些心理测量清单是面向企业设计的，用来把个人的自我风格和贡献放在企业层面做一对比。我尤其偏爱马克·布朗的设计，他也是《The Dinosaur Strain》的作者。马克的方法叫海豚指标，我曾经使用海豚指标帮助辉瑞等众多企业重塑文化、再造氛围。

↘ 海豚指标

> 世界充满了超凡的人，不要浪费时间做个庸才。
>
> 理查德·布兰森爵士

“海豚指标”（网址 www.dolphinindex.com）旨在测量一家企业的创新氛围，帮助人们对比自己和所在的企业。我和马克·布朗谈论过它的由来：

> 在过去那段不算美妙的日子里，作为创新和创造力的引导者，我们有时成功，有时失败。有的客户找到我们，想要更高的创造力和更多的创新。我们帮助这些企业训练个人和团队的创造性心智模式，还把一些行之有效的创新工具传授给他们。但是，效果时好时坏，原因在哪里？

20世纪80年代早期，马克偶然读到戈兰·埃克瓦尔教授的一篇文章，说的是企业氛围如何孕育或扼杀创新创造力。那是一篇振聋发聩的、开创性的文章。在缺乏创新氛围的企业里，项目屡屡遭遇失败；相反地，具有创新氛围的企业常常获得成功。马克很想知道：如何同时做到精准测量和有效改善企业的创新氛围？他拓展了戈兰教授的理论，在 20 世纪 90 年代提出了“创新氛围问卷”，随后重新命名为“海豚指标”（这一命名来自灵活敏捷、充满创造力的海豚与泥足深陷的恐龙之间的对比）。

海豚指标覆盖对三项因素的分析，共 68 个问题。通过打分的形式，受访者不仅可以评价企业是否具有创新性，或者是否具备创新氛围；还可以评价自己对企业的创新是否有所贡献，或者自身的工作是否具备足够的创新性。它包括 13 个维度。

维　度	定　义
投入度	对企业和岗位的投入程度，有没有达到令人振奋、鼓舞人心的程度
自由度	自由度较高的工作氛围鼓励独立决策（如决定工作的优先级）；在自由度较低的环境里，监管非常严密
创意支持	组织层面对培养新想法和改进意见的支持和鼓励
积极关系	人们在组织内积极、互信、友善的关系；而不是消极的关系（如敌意的、冲突的关系）
朝气	工作是激动人心、充满活力的；而不是毫无生气、令人厌倦的
玩兴	指工作场所的轻松愉快和有趣程度，玩兴较低的工作场所通常看上去死气沉沉、没有幽默感
创意增值	同事对你工作创新性看法的可感知的程度
压力	在高压力工作环境中，能看到同事面临高度压力，承担过高的工作负荷
风险承担	勇于冒险的工作环境有助于促进新想法的实施速度；低风险承担的环境往往过多地使用正式的规章制度和管理流程
创意时间	感觉自己在何种程度上有时间开发新创意
志趣相投	高级雇员之间的开放沟通，指那些拥有“我们”文化的环境，而不是“我们和他们”的环境

续表

维　　度	定　　义
工作认可	是否感觉自己的成绩得到应有的认可和赞许？或者是否觉得自己遭到了价值低估
薪酬认可	薪酬和待遇的满意度。是否感到自己的工作得到了恰当的回报？或者最糟糕的情况，是否感觉自己受到了剥削

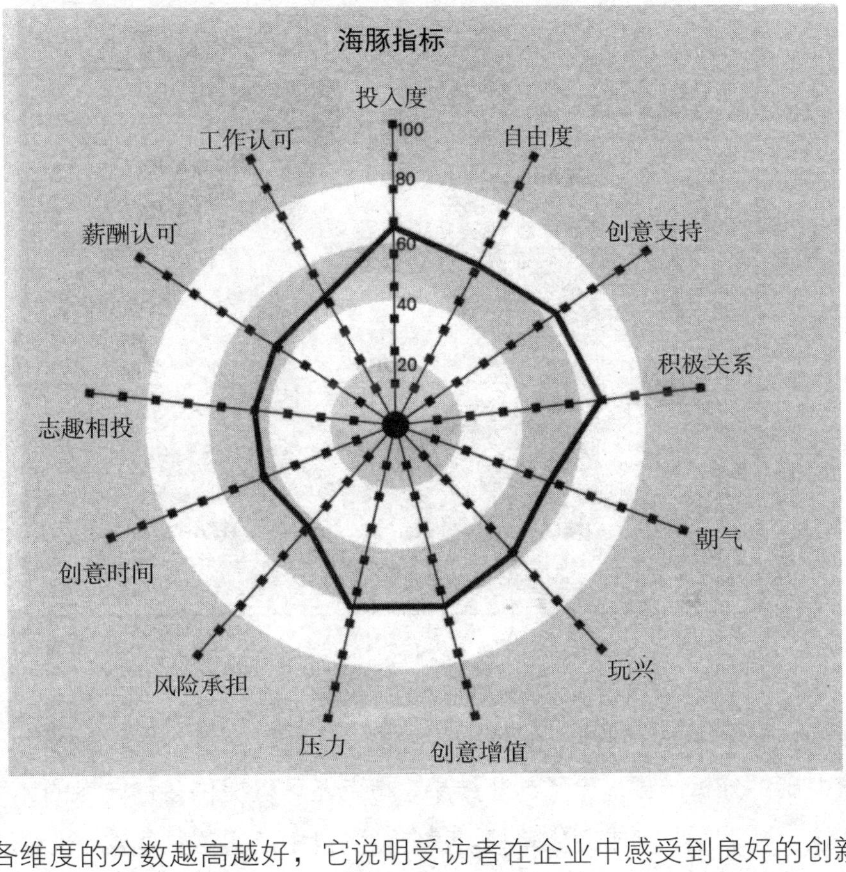

各维度的分数越高越好，它说明受访者在企业中感受到良好的创新氛围（“压力”维度除外，它的分数越低越好）。这个图显示了英国大型和中小型组织的现状，范围覆盖私营部门、公共部门和志愿部门，还包括国际数据。后续对 13 项维度的分析表明，组织氛围中比较高阶的两个因素分别是“大胆”和

"体恤"。

使用者可以把自己的企业放入四个象限中的一个。马克首先会问使用者，他们希望为自己企业的哪部分打分。由此得出一项稳健的、具有代表意义的雇员观点样本，用于海豚指标。马克把目标氛围和现有氛围之间的差距称为"海豚偏移"。如果用户需要分析结果，马克会在反馈意见中提供：

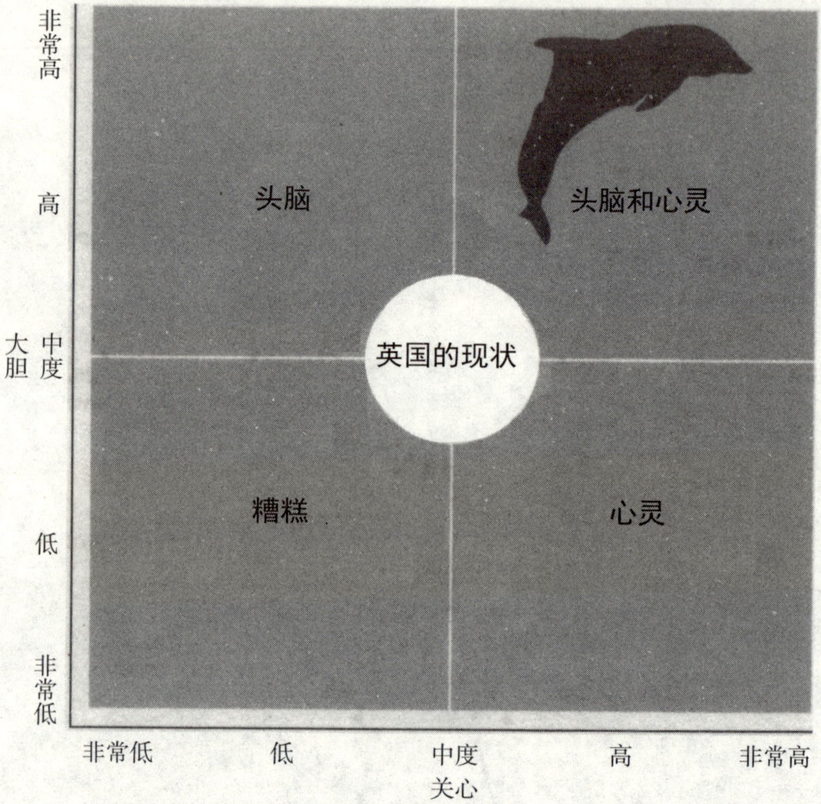

例如，按照年龄、性别、所在地、功能、工作类型、水平、服务年限、教育背景得出的分析结果。除了这些结果，马克还可以提供多种详尽的、有的放矢的建议，帮助客户完成文化转移。客户可以自主落实这些建议，也可以通过代理完成，一切按照实际需求决定。马克观察到：

创新氛围和文化的核心概念从未在管理者的心理雷达或者"仪表盘"上出现过，尽管如此，"海豚指标"可以帮助管理者把创新文化的定性概念转化为定量尺度。它可以检测、对标和管理。过去的情况不太理想，我们有时成功，有时不那么成功。如今情况好多了，“海豚指标”为我们带来了更高的成功率。

专注力、思考和决策

哈利，决定我们是什么人的，不是我们的能力，而是我们的选择。

罗琳，《哈利·波特与密室》

所谓自知之明，既要了解自己的强项，也要明白自己的弱点。自知之明的价值最终会体现在我们做出的决策上。而领导力的关键之一正是做好决策。当我们对一项新奇的想法做决策时，要面对过程和结果的双重不确定性。这给决策机制带来了额外的压力，需要付出额外的努力，才能确保不会做出“没脑子的决定”，更不会造成灾难性后果。我们会在第4章讨论“小心地聚合”，作为这条思路的延伸讨论。在这类决策中，要把“偏差”当作重要因素来考虑。举例来说，假设你要购置一套二手房，作为自己“梦想的港湾”。为此，你列出了一份极尽详细的清单，写下了自己对理想居所的一切要求。然后你拿着这份清单去看房，一进门时，新鲜咖啡或者刚出炉面包的香味扑鼻而来，你的决策一定受到积极的影响。反之，你刚走进大门，发现小捣蛋鬼在你脚下摆满危险物品，你一定会受到消极的影响。无论发生的是哪种情况，你都不可能像自己想象的那样理智。这一点同样适用于商业活动的重大决策。我们都会受到偏差的影响，这一点得到了无数实验的证明。下面是一个心理游戏，读者可以和朋友一同体验。

时间压力越大，偏差带来的影响越严重。多数企业都是在资源约束之下运作的，在这样的条件下，人们倾向于做出情绪化的判断，而不是纯粹理性的决定。下面是几种最常见的偏差：

近因性。过分强调容易想起的事情。新近发生的、最熟悉的或者印象最深刻的事情往往最容易想起，人们往往过高地估计它们发生的频率。常见的例子，一个人想到重大坠机事故、恐怖袭击事件或者“泰坦尼克号”等事件，往往产生联想，极大地高估事故发生的可能性。

套入式确认。死守最初判断的倾向性。只能看见对初始判断有利的确认性证据，对与自己想法不符的信息不予理会。

后见之明。认为事后的判断比事前的判断更确切。这种倾向会带来对判断的过分自信。

专注力是一种成组策略，它的系统运用能帮我们把偏差降到最低。专注力的方法包括静思、冥想、吐纳练习、平地散步等，它还包括运用第 4 章“小心地聚合”中的各项工具理性地审核替代方案。良好的决策需要适宜的平衡，也就是诺贝尔经济学奖得主丹尼尔・卡尼曼说的“思考，快与慢”①。除了专注力，高明的领导者会消除或者降低企业内部的创新和创造力障碍。我们稍后探讨这一点。

创造力策略：决策与偏差

一个社区遭遇了罕见的疾病，殃及 666 位居民。专家提出两项应对措施：

- 措施 1：可以挽救 222 人的生命。
- 措施 2：有 1/3 的机会挽救 666 人的生命，有 2/3 的机会一个人都救不了。

请用 30 秒钟的时间做出选择。然后看第二个例子：

一场罕见的疾病席卷一座小镇，威胁 666 人的生命安全。专家提出两项应对措施：

- 措施 1：会导致 444 人死亡。
- 措施 2：有 1/3 的可能带来零死亡，2/3 的可能导致 666 人全部死亡。

请用 30 秒钟的时间做出选择。

---

① 《思考，快与慢》，丹尼尔・卡尼曼心理学著作，《纽约时报》2011 年十大畅销书之一，中文版由中信出版社于 2012 年翻译出版。——译者注

措施1和措施2的结果是一样的。但是，很多人会基于简单但是影响力巨大的假定，做出“无逻辑”的判断：

- 即使人都是要回归尘土的，我们一样会选择生存而不是死亡。
- 倾向于选择肯定的结果，规避不确定的结果。

以上材料选编自本人在英国开放大学MBA课堂的教案。

清除创造力的障碍

为了提升业绩，企业和身在其中的个人通常会考虑增加工作内容。但是要知道，变化是一道四则混合运算题目，加法只是影响它的四项运算法则之一。有的情况下，想要激发创新的火花，只需要移除或者利用障碍物就够了。我们可以把这个想法延伸开来，形成一套完整的策略，我称之为“数学创新能力”。简而言之，它可以归结为四个问题：

- 现有条件下，可以增加什么？
- 现有条件下，可以减掉什么？
- 现有条件中，哪部分可以做乘法？
- 现有条件中，哪部分可以做除法？

下面是几种常见的创造力障碍及其对策。

➘ 环境

对一些人来说，适宜的空间和环境能带来完全不同的创新能力。甚至有的人只有在特定的环境中才能激发创造力。例如，诗人席勒的书桌上一定要放满烂苹果；约翰逊博士工作时，身边必须围绕着茶水、橘子皮和打呼噜的小猫；在白天的特定时段里，康德只能在床上工作，并且把毯子按照他要的样子围在身边。这些做法当然不适用于办公环境，无论它们带给你怎样的乐趣，都会很快遭受社会规则的不容。不过，散步是可以接受的。可以白天找个时间出去走走，也可以选择运动，听音乐，带一些手工艺品到办公室等，它们能够带来一定的专注力，或者达到换换脑子，带来“外出活动”一般的效果。你甚至可以选择到乡间田野里工作（既可以是真的，也可以是比喻意义上的）！减法能够带来极简主义的创意，能够清除挡在专注力面前的阻碍，能够为你带来享受安静独处时光的美好环境。

↘ 时间与时机

亚历克斯·奥斯本是“头脑风暴”的创造者。奥斯本认为，一场头脑风暴至少需要 30 分钟，才有可能给参与者足够的时间达到心理安全和“逃逸速度”①，产生真正新颖的想法。现代生活把人们的时间切割成很小的碎片，使得人们没有时间“泡在问题里”，这带来了灾难性的后果。如果创新对你很重要，你需要找到“思考的时间”。它非常需要时间管理策略和实践的支持。关于这个问题，我为理查德·布兰森爵士写过一篇专门的文章，读者可以在这本书的配套网站上找到它。

接下来是时机问题。你属于夜猫子类型，还是你习惯在压力之下工作？每个人的情况不尽相同。就像我们之前讨论过的，有的时候，发散式思维需要的仅仅是一个合适的时间而已。它可以发生在清醒的时间，甚至可以是睡梦里。有些人需要很长的酝酿时间，才能得到好的想法；有些人习惯在紧急性的催动下工作，只有时间紧、任务重的情况下，他们才有上佳的表现。找到属于自己的峰值时段，你产生创意和改善想法的最佳状态时段。确定哪些时段适合怎样的工作，然后淋漓尽致地用好它们。

↘ 过早的评价

事实证明，仓促的判断属于“过早的评价”，它通常来自高压力工作环境，也可能是性格特征的产物，通常来自那些在 MBTI“高度判断型”一项得分很高的人们。应对仓促判断的对策包括：

- 专注力方法，这一点我们在上文讨论过。

---

① 逃逸速度（Escape Velocity），指物体逃脱星球引力的速度。——译者注

- 决策惯例和决策流程，它们需要酝酿时间，才能带来新奇的想法。
- 请别人来评判，而不是自己评判，这是一种有效的“除法”策略。
- 良好的判断不仅需要清醒的过程，还要在选择前评估可替代方案。

↘ 选择性聆听

选择性聆听是另一种障碍，包括离题万里的聆听，拷问尚处于萌芽状态的脆弱想法等。对策包括：

- 借助流程（如“肯定式探询”、波姆对话等）。
- 来自学术界的学习语言和提问模式（如神经语言程序等）。
- 使用置身事外的促进者或者调和者，保证所有想法得到充分的探索，确保群体动态得到有效的管理。

↘ 信心和能力

我常走访创新和创造性技艺不足的企业，深入探询之后，往往发现它们缺乏的不是技巧或者能力，而是自信心。有些情况下，原因在于企业文化无法充分容纳个人创新思想。也就是说，表面的能力差距，实质是信念的差别，要么是个人信念（自信心），要么是集体信念（文化）。如果创新障碍的核心是自信问题，那么除非改变个人信念或者解决文化问题，让人们自由发表意见，否则单凭培训无法改变整体能力的水平。这是信心问题。

接下来是能力问题，假设真的存在能力差距，而且它可以通过学习来解决，那么，扫除个人能力阻碍的自主选项有：

- “信手涂鸦”，培养解决不明领域和复杂问题的个人技能。为此，先要抵制把涂鸦组织起来的诱惑。可以把随意的想法放到抽屉里躺上几个星期，由它酝酿发酵。
- 培养在不同的问题之间寻找联系的系统性习惯。例如，从百科全书中随便挑出一个词，把它和你今天收到的第一封电子邮件联系起来。
- 每星期学会一项新的创新技能。这本书的配套网站可以帮助你。

↘ 无力接纳模糊性

如果你偏爱确定性，摒弃模糊性，在需要做出不一样的选择时，它会限制你设计替代方案的能力。领导者都懂得，生活中很少存在绝对的确定性，我们必须学会与模糊性共存（实际上，是与之合作），这样才有可能成功。我们可能永远无法学会热爱未知，但是，可以学会接纳未知。安德斯·埃里克森称之为“刻意训练”（1993 年，2009 年）。我们将在第 4 章的“抗解”问题部分进一步探讨模糊性的问题。

↘ 畏惧失败

这是在工作中进行新奇活动的最大障碍，我们会在本书的后半部分给予特别的关注。关于这个问题，杰出的心理学家、作家阿德里安·弗纳姆教授提出了两项对策：

不放弃：毅力是关键。要知道，绝大多数的尝试都会失败，突破是非常罕见的。冒险：对失败、蒙羞、嘲弄和谩骂的畏惧是创造力的天敌。学会与直觉和暂时性共舞。打破规则，鼓足勇气。

↘ 我没有创造力

无论你觉得自己富于创造性还是缺乏创造性，你都可能是对的。

不要让“缺乏创造力”的标签贴在你身份、信念或者灵魂的中心，它会成为一切活动的巨大障碍。它会通过你的日常行为表现出来，并且“传染”给别人。下面是四种可能的选择：

1. 改变自己
2. 改变环境
3. 接纳环境
4. 远离环境

改变自己的行为，密切跟进，观察效果。这是一种通过改变行为来改变理念的方法。也可以尝试一整套新理念。对于自认缺乏创造力的问题，可以参考以下几项实用的对策：

- 表现出充满创造性的样子。改变你对真相的认识，如此持续足够长的时间，检查自己的行为有没有改变。看一项策略有没有创新性，观察下一次会议是否要求这一品质。然后采取行动，持续跟进。
- 与他人合作。有些障碍是你难以逾越的，而对别人来说，它们可能根本算不上障碍。所以，要多和他人合作，找出“官方共识”，用它来发现障碍，发现一项，标出一项。

创造力策略：采访詹姆斯·戴森爵士

有关创新障碍的问题，我专门采访了詹姆斯·戴森。

每一次新的创意和创新都是令人兴奋的，但关键在于测试环节。戴森公司的工程师们每个月花费 3 万小时测试机器，确保满意的性能和可靠性。如果一项产品不够可靠，那么无论它有多优秀，都没有任何意义。我总是告诉我的工程师团队，要在工作中使用往复的方法。每个阶段只做一点小改动，只有这样，才能准确地了解哪里奏效，哪里不起作用。

通过戴森最新的 V6 无绳机，用户可以看到它的开发过程。这个新的系列产品来自密集的物理测试制度，包括模仿实际使用的 550 项测试，一共用去了大约 120 位工程师和机器人 5 万小时的时间，此外还有 5 000 多次的跌落测试，用来确保产品在具备强劲动力的同时具有足够的可靠性。

思考

创新来自对现有想法的改变，或者更加激进的跃进式发展。日常创新更多来自适应性思维，而不是颠覆式的突破。

创造力四阶段模型（4P 模型）能够帮助人们理解自身努力的理想目标，加强创造力。

各种性格类型清单可以帮助人们了解自己的各种偏好，以发挥创造力为目的，扬长避短。类似的清单还有很多，如“适应者-创新者清单”“迈尔斯·布里格个性类型测量表”“大五类”等。然而，如果使用不当，心理测试本身可能会成为创造力的障碍。

“海豚指标”为脑力型企业营造创新氛围开辟了一条新途径，至少能成为新途径的一部分。它为企业领导者提供了一个好机会，把产品组合中的某些部分做得更好。

专注力是成套策略的系统运用，它可以把过早的判断拖后，减小偏差，把人类自有的弱点降到最低。刻意的日常训练能够帮助人们更好地决策，是人脑做出的决策，而不是“鳄鱼脑”的应激反应。

一旦找到了创新障碍的主要成因，剩下的工作就简单多了：设计策略，减少或者根除这些障碍。在应对障碍时，减法和除法是非常强大的数学创新策略，比加法或者乘法的力量大得多。

第3章 创新领导力

曾经，我认为领导代表着强权；如今，我发现领导意味着与他人融洽相处。

圣雄甘地

领导者的工作变化

在工业时代，领导者的工作就像沿着预先规定的路线行走。

目标的不确定性（横向：高—低）；手段的不确定性（纵向：高—低）

手段的不确定性 \ 目标的不确定性	高	低
高	1 我们了解自己去往何处 我们知道如何抵达那里	2 我们不了解自己去往何处 我们知道如何抵达那里
低	3 我们了解自己去往何处 我们不知道如何抵达那里	4 我们不了解自己去往何处 我们不知道如何抵达那里

如果你的员工就像一群唯唯诺诺的仆人，那么当工作环境被打断或扰乱时，领导者的工作就像在迷雾中行走。里特尔和韦伯在 1973 年提出“抗解问题”，用来描述 VUCA 问题或机会。在我的朋友、物理学家艾伦·德拉蒙德博士的帮助下，我开发了一套“类分析框架”，帮助领导者在处理不确定性问题时更好地找到工作的重点。

象限 1 的问题比较“温顺”，只要借助理性、计算或经验做好管理工作即可。举个简单的例子，如果你要报税，联系会计就够了，用不着组织焦点小组，也不用开上一个星期的肯定式探询会议。象限 2 的问题没有确定的结果，所以需要确立清晰的愿景。这项工作本身就是领导的一部分。一旦明确了事业的方向，很多人就更愿意加入其中了。典型的例子是新愿景或新战略的确立。

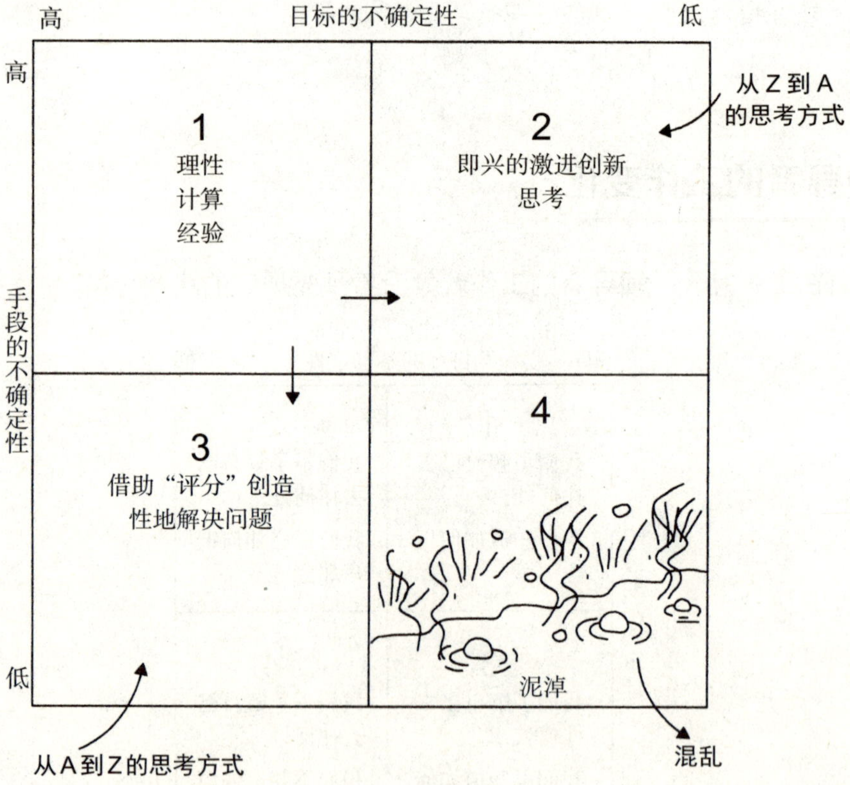

象限 3 的问题有着明确的结果，但是没有确定精确的路线。这要求我们创造性地制定明确的路线和通向目标的过程。这一工作可以通过开放搜索（较少限制条件），也可以通过指定领域的封闭搜索（实施发散式思维的目标领域已选定）完成。典型的例子包括新产品开发，或者现有产品及服务的营销扩展。需要连续使用发散式思维和聚合式思维，系统性地解决问题。我们将在第 4 章详细探讨这一点。

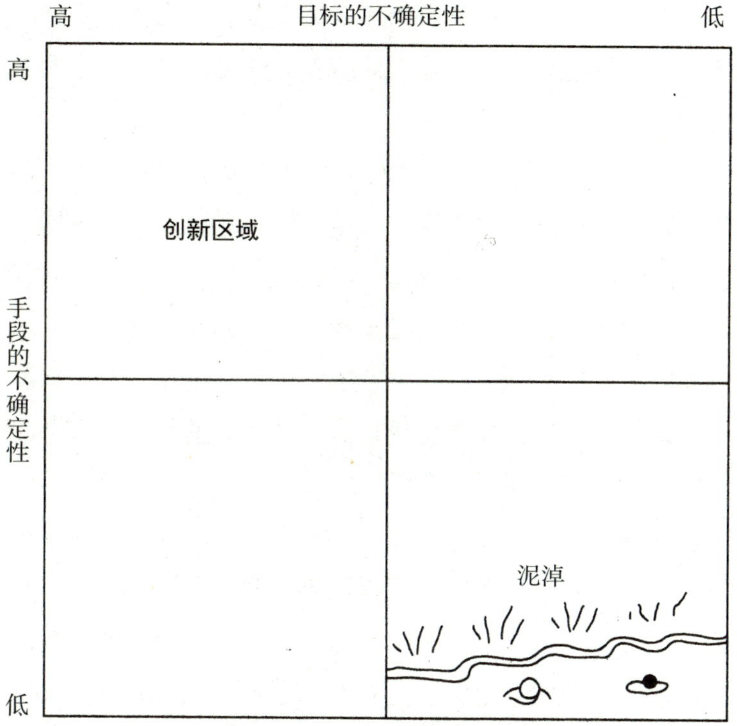

象限 4 纯属“抗解”问题，既需要明确目标，又需要确定手段，逐步消解各方面的不确定性。典型的例子包括世界和平、大都市的交通难题、重建欧盟等。施行策略、系统地减少象限 4 的问题，也就是我们称为“泥淖”的问题，这是领导者的重要职责。

领导力简史

尽管早在2000年前就有了孙武的《孙子兵法》，500年前有了尼科洛·马基雅维利的《君主论》，但是，有关领导力的观点一直处于发展变化之中。大约100年前，针对领导力的系统研究才真正开始。最初研究的关注点是，哪些特质让人更适合或者更不适合担任领导者。这让我想起早期的心理学家，他们根据一个人头部的形状来判断他适合从事体力劳动还是脑力劳动。二者何其相似！基本上，早期的观点以人的天资为核心（例如，一个人只有天生拥有“正确的”基因条件，才能担任领导者）。如果你不具备这种天资，那么，基本上你是无能为力的。

20世纪期间，对这个话题的看法发生过几次大的改变。到了20世纪90年代早期，泰勒制，或称为科学管理，占据了统治地位。泰勒制提出，工作和工人是可以组织的。亨利·福特把泰勒制理论运用到实践中，通过组建工厂，实现了生产效率的最大化。在福特的工厂里，工作被高度流程化，工人的职责被严格地区分和限定。此后，赫赛和布兰查德等人提出了“情境领导力”理论。随后涌现了大批理论，强调领导者应该以人为本。这些理论的基本假定是，领导者能够从心所欲地运用任意一种管理方式，收放自如。以丹尼尔·戈尔曼为代表的学者把这一理论延续到21世纪。戈尔曼的思想以情商为中心。现代领导力思想的基础命题是：领导者应该有技巧地发挥自己的风格，不应该仿冒他人的风格。基于此，真实性就成了第一要务。流行的理论认为，在现实条件不允许发挥某项特定领导风格时，应该把它委派或者授权给别人处理。在过去大约20年间，领导者任务的焦点转移到对复杂性、不确定性和未知事物的管理问题上，理论来自拉尔夫·斯坦思和戴夫·斯诺登的Cynefin框架等影响深远的理论成果。

更加复杂的是，为了更好地说明什么是好的领导和管理，各种理论引用了大量的原型人物。原型的使用造成了人们想法越来越严重的两极分化，从匈奴王阿提拉到理查德·布兰森，从撒切尔夫人到吉米·哈克，从王子乐队到查尔斯王子和王妃等。在人类社会中，战争的隐喻随处可见。但是，现代商业并不是战争，工作中并肩作战、赢得胜利，这只是一种感觉而已。既然如此，领导力艺术背后潜藏着什么呢？

领导力的根源

领导力依托权力、影响力和权威。我们依旧从概念入手：

权力指的是一个人或者一个团体影响其他人或者其他团体的能力。

影响力是对他人或者团队做事或思考过程的影响。

权威指的是操纵权力的权利。睿智的领导者深谙二者的差别，并且身体力行。

优雅的领导艺术从何而来？在把事做成的前提之下(如得到期待结果的必要和充分条件)，尽可能少地在领导过程中运用上述三项要素，即优雅。在脑力型企业中，实施影响力是完成工作的最正统机制，而不是实行家长式独裁管理，尽管前者需要更高的时间成本，依然应该以影响力为手段。吊诡之处在于，命令式领导仅对目的（目标）问题有效，对手段（过程）问题无能为力。

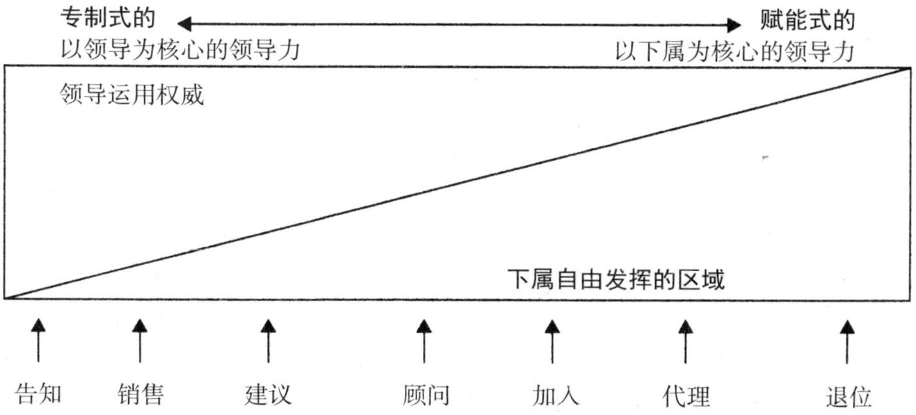

查尔斯·汉迪教授睿智地指出，聪明的领导者善于设定目标，然后借助他人的才干和热情完成这些目标。在给定的情境里，领导风格的选择应该依据优

势文化、被领导人群的期待和任务紧迫性/复杂性做出。实际工作中存在着很多种可用的领导风格，成功的领导者懂得如何驾驭它们，或者通过代理人填补自己可能的差距。坦南鲍姆和施密特的领导风格模型久经考验，很好地归纳总结了“五十度领导力”[①]。

对脑力型企业领导者而言，优雅原则至关重要。一位领导者也许有权发号施令，但这并不代表他应该这样做。如果领导者想让自己的脑力在一项任务中发挥作用，他们就不应该指手画脚地叫别人做这个、做那个。一般来说，创新型企业的领导风格偏向于连续体的右半区。结合实际情况问问你自己：

- 时势需要我做什么风格的领导?
- 我做得到吗?
- 如果做得到，放手去做吧。
- 如果做不到，找能人来做。

权力的消耗

在完成目标的过程中，高效领导者运用最低数量的、不得不用的权力，我称之为“低权力消耗”。权力有多种来源，其中一部分是企业赋予的，其余部分必须由领导者自己赢得：

职位权力。指你的职务，以及职务赋予你的决策权和其他权益。

资源权力。指的是由你把控的资源，如资金、时间、人脉等。这些资源常常是与你的职位挂钩的，同样属于企业赋予你的权力。

社交权力。专属于你个人的人际关系网络，它是把事做成的实用资源。实际上，在人们谈论社交时，他们谈论的就是社交权力。社交权力指的不是社交媒体账号上的好友数量，而是社交关系中数量与质量的乘积。

---

① 此为作者幽默的说法，“五十度领导力”（50 shades of leadership）戏仿当时流行的英国系列畅销小说/电影《五十度灰》(*Fifty Shades of Grey*)，说明领导风格至少有 50 种变体，甚至更多。坦南鲍姆和施密特通过领导行为连续体模型把它们归纳为 7 条，并且经受了时间的验证，这是个了不起的成就。——译者注

专家权力。指特定学科的专业知识，或者某项流程的专门技术。例如，创造性解决问题的能力，或者专长某个医学领域等。重要的意见影响者通常拥有专家权力，这是影响力平台的主要支柱。

个人权力（个人魅力）。使得人们心甘情愿为你做事的特性。这里的心甘情愿没有别的原因，只是为了你这个人。个人魅力能不能后天培养？这个问题没有定论，就像药店是否应该卖化妆品。魅力是不是与生俱来、后天无法弥补？我的看法是，在具备基本能力的条件下，人体的每块肌肉都可以通过训练而增强变大（所以，你的个人权力也是一样）。人们先天具备一种辨别真伪的能力，假如，你的领导工作中存在一丝一毫的矫揉伪造，人们会立即发现，你的个人魅力是极其肤浅的。真实性很重要，它与信任紧密相连，我们会在本章后半部分详细探讨。

信息权力。它既包括隐性信息，也包括正式信息。在信息时代里，数据铺天盖地。但是，高质量的信息少之又少。好的领导者懂得“淹没在数据中”和“遨游在信息里”的差别。我们会在第9章里回到这个话题上来。

在更加扁平化的组织结构里，来自社交网络、专业性、个人魅力和信息的权力往往具有更高的实用价值，因为这些权力是领导者个人挣得的，而不是组织赋予的。当企业与它们并不“拥有”的个人合作时，权力、影响力和权威的“地质构造板块”会朝着未知的方向发生偏移。因此，我们可能无法继续依赖常用手段来完成工作。那么，该如何有效地学会屈伸领导力的肌肉，正直地、符合道德地施加影响力呢？

● 刻意的训练——权力、影响力和权威的“屈伸练习”

尝试下面的六步练习法，完成价值建构的自我演练。你也可以和朋友、同事一起练习。

1. 想象一个环境，一个你身在其中坐拥更大影响力的环境。
2. 运用前文讨论过的六种权力来源，找到你最主要的权力来源。
3. 找出环境中关键利益相关方的主要权力来源。

4．找到提高影响力的有效行为：你能贡献怎样的价值？这是最考验创造能力的一步，可以参考阿什比的必要多样性定律：拥有最大思想和行为灵活性的人能够（通常也愿意）把控任意一项互动的结果。尽管如此，并非所有的权力来源都是有效的。例如，个人魅力的不恰当运用可能带来招人憎恶的反效果。对只有职务权力的人施展个人魅力，甚至可能带来危险的结果。

5．设计一项策略，把它付诸行动。如果条件允许，找一位可信的朋友、同事或者导师，演练这项策略，确保实际运用时首战告捷。

6．做个善于反思的实践者，从过去的经验中总结规律，学会如何在其他“困难”情况下更有效地运用权力来源。

现代领导力不只关心效率问题。如今的时代，商业伦理不再是摆在企业社会责任账簿中“花瓶式”的摆设。在社交媒体盛行的时代，领导者的责任心往往关乎企业的生死存亡，美联航就是一个很好的例子。这件事在全世界闹得沸沸扬扬：美联航损毁了一位旅客托运的吉他，而且没有公平合理地回复这位乘客的申诉。这位名叫戴夫·卡罗尔的乘客为此写了一首歌[①]，上传到了 YouTube 上，随即引发了病毒式传播（目前已有超过 1 500 万次浏览量，美联航的股价应声下跌，公司市值蒸发了 1.8 亿美元）。这个例子说明，负责任的领导者对企业的股价特别重要。

有责任心的领导者

马可·奥勒留，罗马皇帝（公元 161—180 年在位），他观察发现，深谋远虑是领导者必不可少的能力。在企业里，如果领导者始终“站在台前”，奥勒留提到的远见往往遭到短视的驱逐。原因在于，领导者的一言一行都在社交媒体、传统媒体、利益相关者和员工的注视之下。针对领导者行为的查看已经达

① 歌名为《联合航空砸烂了我的吉他》，上传于 2009 年 7 月。——译者注

到了无法想象的程度。同时，人们非常善于捕捉领导者言行之间矛盾或者不一致之处。从本质上说，如今的时代属于有责任心的领导者。领导者要指明方向，这个方向一定是令人兴奋不已的，而不是平淡乏味的“任务”陈述。

放在实际工作中，这一点常常涉及“清晰的模糊”能力。其中“清晰”指的是，要为行动设定一个聚焦点；“模糊”的作用在于，它可以给个体成员留出足够空间和自由度，发挥本人头脑、心灵和精神的作用。领导者务必掌握各极端之间的中间路线。领导者也可以扮演创意支持者的角色，在企业内部获取和传播创意，帮助这些创意吸引资源，获得接纳。要做个言行一致的领导者，就必须身体力行地证明失败是学习的良机，在企业内部鼓励适度的冒险。

领导者需要组建高度互信的团队。这涉及从冲突中快速恢复的能力。他们在企业内部营造“心理空间”，给予团队“干私活”的自由，他们为理论项目提供必需的鼓励和心智及实物资源。

领导者要熟识各种领导力风格，从教练式到参谋式，从冲突制造者到戏剧演员再到英雄。更重要的是，他们能从一种风格快速切换到另一种风格，并且有能力带着观众们一同变换，丝毫不会损失自己的威望。

接下来，通过一个小片段说明如何负责地运用领导力，影响整体企业文化。我们的主人公是纳丁·哈克，她是 beCause 的首席执行官，负责型领导者的世界级导师（纳丁公司的网址 www.because.net）。她曾与纳尔逊·曼德拉、巴拉克·奥巴马以及大批蓝筹企业的领导者合作过，这些企业包括可口可乐、强生等。这些领导者的工作之所以保持世界级水平，离不开纳丁的一份贡献。

我们都知道，孩子们更多地学习家长如何做，而不是如何说。身教的作用远远大于言传。我们常常告诫孩子“按我说的学，不要按我做的学”。我们比谁都清楚，即使对最迟钝的孩子来说，这句话也从来没有管用过。同样的道理，要激发真正的、有目标的领导力，只有身体力行这一个选择。

我发现，最基本的维度是自我意识。你能否做到反观内心，清晰而诚恳地反思自己每天（如果做不到每小时）做个怎样的榜样？能否开放、透明地把自己，包括缺点和弱点，完全摆在桌面上？

联合利华最近发布了开放创想项目，邀请公众“与我们一道合作，体验和开创未来”，通过这种方式外包公司的可持续发展工作。公司 CEO 保罗·波尔曼透露，发布这项战略时，他和他的高管团队对于有些问题并没有十足的把握。

我和联合利华打过交道。我们和联合国儿童基金会、印度马哈拉施特拉邦政府、希奈戈基金会合作解决了马哈拉施特拉地区的儿童营养不良问题。“开放创想”的联合利华和我在印度共事的联合利华表现出企业准则方面的高度一致。极尽努力的工作就是这个准则的一部分，它能在宽广的、原本不存在互信的利益相关者群体中发现一致之处。我们之间的互信是通过一系列非传统式会议逐步建立的。在这些会议上，我们分享彼此的故事和弱点，建立了牢不可破的纽带。联合利华的做法出乎很多人的意料，它没有选择快进快出的化妆品援助方案，而是坚持系统解决路线，用了长达几年的时间，彻底解决了当地儿童营养不良的难题。

我的同事科特尼·麦克德莫特补充了一点。查尔斯·汉迪教授称之为“恰如其分的自私”：

史蒂夫·乔布斯最关心的是，假如我是用户，我最想要什么。谢家华建造企业环境的标准是，如果我是员工，我最想要怎样的办公环境。马丁·路德·金作为公民和个人梦寐以求的理想国家，成了举国的理想。如果领导者的出发点是理想而不是利益，进步就有了保障。利益一旦超越了理想，最终带来的只有毁灭。常有人说，有力量，不一样。我不同意，因为经验告诉我，最强者反而愿意直言不讳地坦承自己的弱点。事实上，下属会为这样的领导者报以更深一层的信任和尊重。它还可以起到授权的作用：那些我们做得不够好的地方，可以交给更有能力的人来领导。

加里·赫什伯格是石原农场的创始人兼董事长。在他的《27%获利奇迹：绿色产业的致富真相》一书中，赫什伯格说明了如何在实现更高利润和满足感的同时，拯救我们的地球，以及如何通过有意识的消费行来鼓励绿色企业行为。他的石原农场主要生产有机酸奶，是 20 世纪 80 年代企业责任的先行者。早在“本地采购”和“企业社会责任”这些时髦的词汇问世之前，石原农场已经把它们体现在工作中了。石原农场获得了巨大的成功，最近并入了达能集团。更高的责任心为赫什伯格带来的是更多的收益，而不是吃亏。例如，使用植物材料制作酸奶杯，拒绝使用石油制品。类似的做法不胜枚举。这些做法带来的不仅是更高的社会责任，还有更高的利润。

纳丁的观点也得到了硬数据的支持。芭芭拉·布鲁克斯·基梅尔为了她的著作《TRUST, Inc. Strategies for Building Your Company's Most Valuable Asset》做过大量的研究，这项长达五年的研究选择了2 000家全美最大的上市企业。芭芭拉的研究表明，2012年以来，美国最受信赖的企业获得了82.9%的回报率；相比之下，标准普尔的总体回报率只有42.2%。FACTS®框架由平衡计分卡组成，包括财务稳定性（**F**inancial stability）、会计稳健性（**A**ccounting conservativeness）、公司治理（**C**orporate governance）、透明度（**T**ransparency）和可持续性（**S**ustainability）。

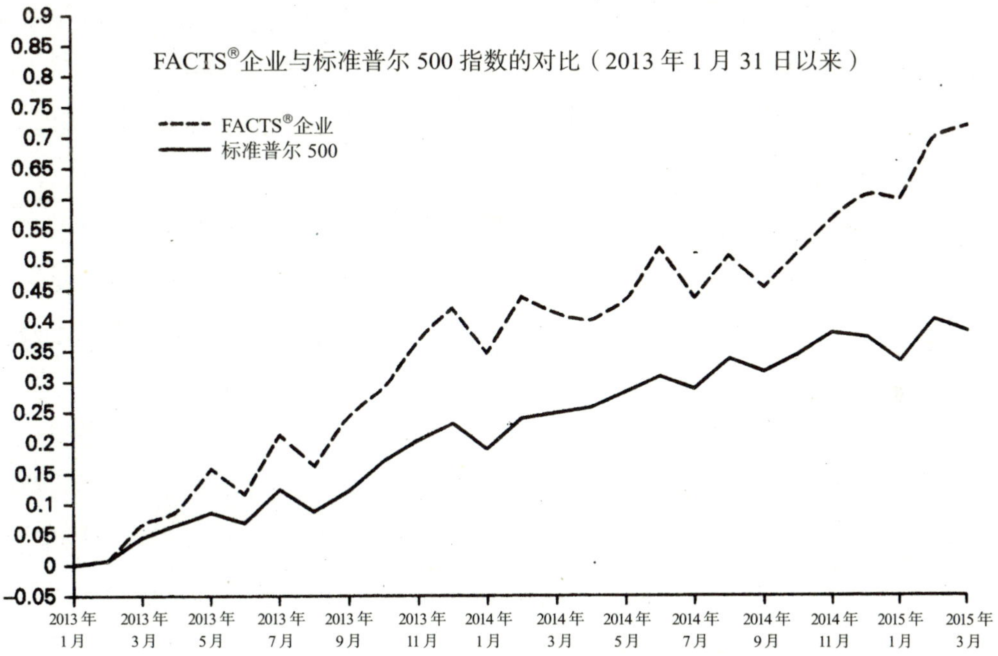

纳丁指出，责任心需要极高的自信心：它不是虚伪做作的空架子，而是灵魂层面的知觉，明白自己知道什么，不懂什么；我们是谁，我们不是谁。她反思说：

在过去几十年间，我慢慢地成长为一位领导者。我发现，工作中有时会出现“神圣的亲近感”，带来非比寻常的大变革。作为领导者，我们都会让别人，经常指很多人，来完成很多工作。这些工作对他们来说充满了繁难和挑战。问题在于，我们有没有给予他们足够的职权和自主权。或者说，我们有没有发现这些工作是危险的。如果真的危险，为什么会是这样的。你愿不愿意扪心自问，找寻这些问题的答案。又或者，你是否会选择站到自我保护的地盘意识一边。你会说，我之所以拥有权力，正是因为我一直处于控制地位，拼命保守我知道的一切。我发现给予他人非实物财富，如知识、权力、人脉关系等，你不会因此损失什么，你将依旧拥有它们。与此同时，别人得到了你的帮助，你得到了对方的尊重：财富得到了指数级增长。

我辅导过高层管理人员如何帮助他人成功，我使用了最简单的模拟教学法，以父母如何教孩子系鞋带为例：你马上就要上班迟到了，而孩子在笨手笨脚地学着系鞋带。你恨不得冲过去帮他系好，但是，请耐心等待，等孩子自己把鞋带系好，也许你会迟到一次，但是以后都不用操心孩子系鞋带的问题了。父母得到了解放，而孩子迈入了新的成长阶段。我们总是谈论一些时髦的词语，如共同创造、跨孤岛协作、能力培养等。但是当真正运用这些概念，开诚布公地与人打交道时，往往踌躇不定。想一想，是什么让我们退缩。先找到最简单的一个点，改变它，一步一个脚印地锻炼自己的“肌肉”，开发那些尚未开发的领域。

明确一点，我不是建议你改头换面，变成连自己都不认识的人。我建议本领的扩展，让自己的能力频谱变得更宽广。开始之前，务必想清楚，哪里可以提高。对我来说，需要提高的是耐心。我原本是个做事急躁、直奔主题的人，这让我和别人对不上节拍。于是，我开始调整自己。除了耐心，我还提高了很多别的方面。这样做的目的只有一个：让自己更受欢迎，更值得信赖，做更完整的自己。我每天都能感受到自己的成长：该向何处去？如何抵达？同时，我非常清楚如何运用自己的天赋。所有这些加在一起，让我一天比一天觉得更自由。我从未停下探索的脚步。我在两个极端之间探索，一边是过度膨胀的盲目自信，一边是彻底否认自我价值的极度自卑。

有一片田野，就在是非对错之外。我在那里等你。

鲁米，13 世纪诗人

或者，像卢·里德的怪话说的那样：我比任何人都擅长做我自己。

改述自约翰·斯通的著作《Lou Reed Talking》，2005 年

纳丁·哈克的经验和反思与更加广泛的分析不谋而合。2012 年，《赫芬顿邮报》报道了价值和行为之间的鸿沟，75%的美国上班族发现，工作中最大的压力来自自己的上司，这一价值鸿沟每年造成 3 000 亿美元的损失，因此，价值与行为的一致性存在货真价实的经济效益。有些企业能够通过简单而永不过时的价值观鼓动雇员，也就是前文提到的“清晰的模糊”。这些价值观适用于多数人，同时，它们也可以通过本地语境和给定情况予以解释。价值观与冷漠的任务陈述之间最大的不同，在于价值观能够让企业与竞争对手区分开来。强生公司一直是企业价值观的标杆，它是通过强生公司的信条实现的，它由简单而充满力量的原则组成，它是强生人安身立业的根本。

创造力策略：强生公司的信条

强生公司的信条涵盖该公司的文化、经营哲学、利益相关者的优先级别等，是强生[①]在 20 世纪 40 年代撰写的。它是纳丁·哈克观点的生动体现。

我们的信条

我们相信我们首先要对医生、护士和病人，对父母以及所有使用我们的产品和接受我们服务的人负责。为了满足他们的需求，我们所做的一切都必须是高质量的。我们必须不断地致力于降低成本，以保持合理的价格。客户的订货必须迅速而准确地供应。我们的供应商和经销商应该有机会获得合理的利润。

① 强生（罗伯特·伍德·强生，Robert Wood Johnson），此处指的是强生二世（1893—1968 年），他是强生一世三个子女中的一个，也是强生从家族企业成长为全球医疗集团的领导者。——译者注

我们要对世界各地和我们一起共事的男女同人负责。每一位同人都应视为独立的个体。我们必须维护他们的尊严，赞赏他们的优点。要使他们对其工作有一种安全感。薪酬必须公平、合理，工作环境必须清洁、整齐和安全。我们必须设法帮助员工履行他们对家庭的责任。必须让员工在提出建议和申诉时畅所欲言。对于合格的人必须给予平等的聘用、发展和升迁的机会。我们必须具备称职的管理人员，他们的行为必须公正并符合道德。

我们要对我们所生活和工作的社会，对整个世界负责。我们必须做好公民——支持对社会有益的活动和慈善事业，缴纳我们应付的税款。我们必须鼓励全民进步，促进健康和教育事业。我们必须很好地维护我们所使用的财产，保护环境和自然资源。

最后，我们要对全体股东负责。企业经营必须获得可靠的利润。我们必须尝试新的构想。必须坚持研究工作，开发革新项目，承担错误的代价并加以改正。必须购置新设备，提供新设施，推出新产品。必须设立储备金，以备不时之需。如果我们依照这些原则进行经营，股东们就会获得合理的回报。

说得好不如做得好。要检验一家企业对价值宣言的践行程度，最好的方法就是看它在生死关头的表现。强生的信条在1982年的泰诺危机中起到了道德基准点的作用。在那场危机中，强生的药品被不法分子掺入了剧毒的氰化物。公司随即召回了市面上所有的泰诺产品，直到防破坏证据包装研制成功才再次上架。这个过程花去了强生公司相当长的时间，为了保护公众的安全，强生公司主动承担了大量的经济损失，重新赢得了公众的长期信赖。

领导者的策略和工具

领导者必须拥有领导艺术的基本能力，而培训和学习的技能无法弥补领导者领导能力的基本缺陷。同时，领导者的肌肉是可以后天训练的，就像人体的任何一块肌肉都可以训练一样，方法就是通过刻意的练习，学习新的知识、增强技能、开发价值。为此，领导者要对学习抱着开放和接纳的心态，无论是个人学习还是集体学习。下面是领导者总体技能提高的有用要素。

↘ 必需的知识

尽管可学的知识呈现指数式增长，但是知识的半衰期短得像自由落体一样。把有限的时间用于哪些新知识的学习，这是领导者的一项关键决定。多数领导者会选择“元级别”知识，如领导力、工商管理等，而不是学好本行业的专业知识。这是一个常见的错误。领导者不大可能成为比下属更专业的专家，毕竟下属投入刻意训练的时间远远多于领导者。但是，领导者应该塑造自己成为“T 型人才”，才能让自己的领导工作具备可信度。想做好领导者，不必成为好的技术员。但是，想让自己的领导保持完整性，赢得下属的信任，就要保持对领域内各项技术的兴趣。

↘ 操练技能

领导者需要完整的一套技能，包括顾问、代理、决策等。这里需要加入几项：情商、沟通分析，以及自然语言处理领域的特定方法。

丹尼尔·戈尔曼让“情商”一词流行于世。简而言之，情商就是成为“内在才智”和“外在才智”的主人。关于内在才智，戈尔曼解释为自我意识和自我管理；外在才智包括社会意识和人际关系管理。尽管学术上存在批评的声音，但是对于什么是好的，什么是不好的，以及什么是糟糕的领导，情商理论具有极高的表面效用。你对他人的影响力如何？应该为此做些什么？如果你对这些问题一无所知，仅仅凭借内在才干是不够的。在常规的智能（或者叫智商）在互联网上大行其道的时代，领导者要有能力用好智商，发挥其最大的优势，同时有能力用好情商，用来管理内在、跨界和外在的各类关系，更好地与不“属于”本企业，或者无法控制的人相处。

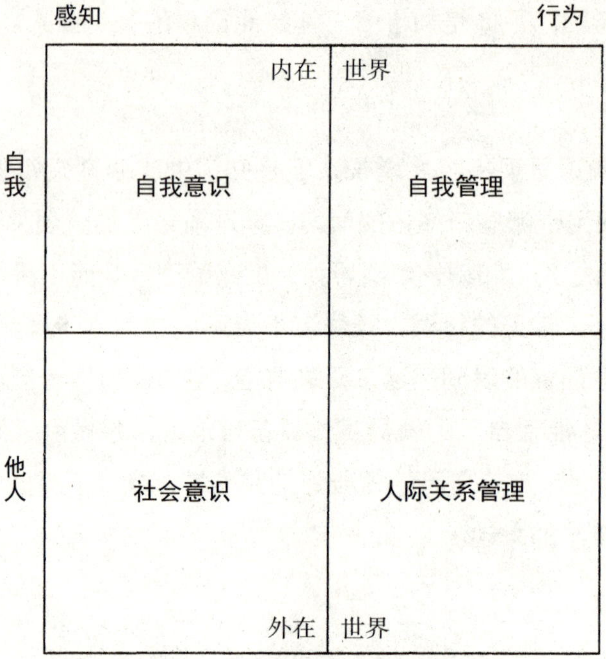

情商无障碍

通过在即兴表演中与音乐家的合作和观察，我发现，情商会规律地波动，时高时低。伟大的音乐家往往拥有极高的情商，他们既是“内心空间”的主人，也会留心身外，关照乐团中的其他音乐家，不放过音乐中任何一处微妙的变化和转调的拐点，及时做出有效的回应。稍差一些的音乐家偶尔会错过同伴发出的细微提示。同样的情况也发生在商业世界里，伟大的企业领导者往往情商极高，稍差一些的领导者往往活在自己的内在世界里。

情商也有消极的一面：领导者太容易被他人的观点左右，会变得优柔寡断、无所适从，形成低水准的折中和妥协。世间万物都需要良好的平衡，情商也不例外。在需求、限制条件和可选方案给定的条件下，既要寻求决策反馈（外部世界），又要对所有相关方（组织内部）做出最佳决策。

沟通分析。在不同的场合，人们会“使用”不同的“自我状态”。基于这些状态，沟通分析理论带来了下面的模型：

- 控制型家长——告知、说教、管束。
- 培育型家长——鼓励、保护、给予温暖。

- 成人——鼓励承担责任、理性、不做评断。
- 自由型儿童——率性、爱玩儿、无拘无束、水平思考。
- 适应型儿童——听话、按照吩咐做事、可能心怀愤懑。

创新领导力需要“培育型家长”“自由型儿童”和“成人”这三种状态。尽管笼而统之的概括是一种危险的做法，但是这个说法是基本安全的。在有些领导者看来，领导的过程就像演戏，关键的演技是懂得什么时间运用什么状态。“在不同状态之间跳转”需要很高的灵活性，这可能造成跟随者的迷茫，因为跟随者都期望自己的领导停留在单一状态中，永远不变。所以，高效的领导者总是有办法在切换状态时发出明确的信号。我的方法是邀请团队到家里吃饭，我会准备一桌十道大菜的中餐（典型的“培养型家长”），饭后安排一些群体游戏，如化装游戏和即兴演奏等（“自由型儿童”）。我的做法和团建顾问的套餐完全没关系，因为我的活动与工作无关，这一点非常明确。在工作中，我的风格属于“成人”类型，我会要求下属把事做漂亮。当出现问题，需要解决方案时，我也会扮演“培养型家长”的角色。

自然语言处理。自然语言处理是一项有争议的方法，有人热爱它，有人憎恶它。争论的两端我都能理解，从约翰·西摩的“学术”一端，直到这个自然语言处理连续体的另一端，我称之为“摇滚音乐会”。我对这一端的理解来自很多同人的帮助，包括托尼·罗宾斯和保罗·麦克纳等。抛开围绕自然语言处理的众声喧闹不论，它为个人的发展提供了非常实用的工具。在运用得当的情况下，自然语言处理能够帮助领导者解决困难的挑战，为领导者提供宽广的策略和方法。从本质上说，自然语言处理提供的是一整套脑力（神经）使用方法，为沟通（语言）的双方带来更多更好的选择（处理）。“处理”一词也许会被误认为“设计”，但是成功的影响力是双向作用的（同时他人和你自己），而操纵是单向的。成功的领导者用正直和诚实来影响他人。读者可以从本书的配套网站上找到更多自然语言处理的策略和技巧，主要包括：

- 与那些不存在自然纽带，但必须合作的人融洽相处。
- 设定强有力的目标，推动自己和他人向着共同的目标前进。
- 做一个最好的倾听者，于无声处听得见惊雷。

- 学会“读心术”，无论对方是高深莫测，还是装腔作势。
- 把自然语言处理的“感知位置”用于创新，如位置一、位置二和位置三。
- 运用重构的艺术，变换视角、行为和看法。
- 使用迪士尼创意策略。可以独立操作，也可以在“创新思考营”里与团队设计策略时使用。

支撑创新和创造力的几种价值观

我们能够通过课程、讲座和互联网学习知识，同样的道理，我们也可以借助刻意的训练和实践，把技能、价值观和态度提高到新的层次。在本章的开头，我们见证了商业价值观的差距会造成怎样巨大的经济代价。我们也越来越熟悉，当价值观和行动不匹配时，如何调整自己的产品和服务。MBA 创新和创造力学者简·亨利和查尔斯·汉迪教授认为，商业中的创新和创造力需要下面的四项基本价值。结合我在过去 20 年间的咨询工作、MBA 高层人员的教学和辅导工作，以及与全世界各行各业同人共事的经历，我发现这四项价值观非常令人信服、充满教益、历久弥新。

好奇心。它是一种系统性习惯，促使我们提出好的问题，探测问题/机会的边界。在探索问题的全貌的同时，不放过每个细节。艺术家和科学家通常充满好奇心，而商界人士的好奇心少得多。

宽恕心。它包括对模糊性的包容、对心智游戏的鼓励，和对想法的建设（而不是推翻）的能力。最生动的例子要数“维珍大西洋”的一项广告方案。该方案取材于电影《王牌大贱谍 2》，打出了“维珍大嬉洋”的字样。这一做法事先没有让品牌负责人知情，因为推广团队认为，如果那样做，一定会遭到品牌负责人的否决。在这里，宽恕心取代了业务流程上的许可。

爱心。运用培育类型领导风格、参与式方法激发创意，在各种想法之间建立联系，以此建造/挖掘创新。“爱心”是纯真饮料和大都会银行等企业描述自身文化的常用词汇。在你的企业里，如果“爱心”这个词过于感情化，可以考虑用“关心”来代替它。

方向感。也就是目标感，或者使命感，它是一种具体的或者大家都能理解的过程，用来产生、改善、进化和实施各种想法，以及学习能力的提升。对创新管理而言，设定方向的技能至关重要，同时也是艺术创作中最容易缺失的部分。恰恰是这一价值，和与之配套的技巧，帮助我们把创造力转化为切实可行的创新。

这些价值可以进一步细分为三大类 12 个分项，下面的列表提供了详细的解释。

解密 12 项创新和创造力价值

价值组	价值 1	价值 2	价值 3
好奇心 好奇心是创新的基本动力，宽恕心和爱心让创新变得实际可行	**用模式打破模式** 无止境的驱动力，打破固化模型和心智模式。不只挑战想法本身，而且挑战想法的产生方式	**探索既定条件** 我们会分配最多的注意力到变化的事物上。所以，检查那些“稳定的无关背景”变得尤为重要	**宽广视野，局部细节** 同时包括总体调研和对细节的关注。这两个过程相互依存：理解带来问题，追问帮助理解
宽恕心 要尝试新事物，起初可能会失败，你离不开他人的接受和谅解	**重视玩兴** 在儿戏和成人的创造性思维之间，存在一个逐步发展的连续过程。玩兴不一定是显性的，它可能潜藏在成人内心的深处	**建设，而不是推翻** 通常的描述是，为现有的想法添砖加瓦，多说“对，而且”，少说“是，但是”	**生活得松弛些** 无论创新思考本身，还是需要创新式思考的事情，从来都不是整齐划一、轻松可控的。所以，应当想方设法地“原谅”混乱、不确定性和自相矛盾
爱心 在这里，爱心的含义是“无条件的、积极的尊重”或者“信任”	**它就在那里，要好好培育它** 尽管培训可以在一定程度上开发创新能力，但是，究其本质，	**他人的参与** 创新思维离不开必要的多样性。只要拥有多样性群体，那么在任何一项有意识的创新	**联想和接纳** 理论上，通过自由联想和随机组合的方法，我们可以把任何事物用作思路的触发器。

续表

价值组	价值 1	价值 2	价值 3
	创新思维是自然生发的，而且是非常脆弱的。要为它清除障碍，让它自然生长	尝试之前，已经有 40~50 个现成的想法了	“直觉”也可以归入这一类
方向感 创新思维离不开转向系统，转向系统离不开既注重目标又顾及过程的优质流程	**了解自己的真实需求** 明确自己想做什么、要做什么，这是非常重要的。这就需要“攻克抗解问题”，还要让别人确信，问题是值得解决的	**多轮转，晚关闭** 既然不可能同时考虑所有的想法，那么，比较有用的做法是先后循环地运用发散式/聚合式思维。它还能让可选方案尽可能长时间地保持开放	**管理流程** 它包括清晰的发散/聚合流程、保持流动/促进、在恰当的时刻停止、选择正确的方法、考虑各项人际因素
做个善于反思的实践者 经常检查手头的工作，自问如何鼓励自己和他人的创新思考，如何提高			

这是我常用的设计思维原则，我用它管理工作氛围。我们会在第 9 章进一步解释这一点。

创造力策略：辉瑞公司——12 项价值的实际运用

辉瑞公司流程开发中心（Pfizer Process Development Center，PDC）把创新和创造力深度嵌入企业文化、氛围和领导力之中，把它变成了辉瑞日常经营活动的一部分。PDC 负责人利亚姆·塔利为我们讲述了这个故事。

2007 年前后，我觉得有必要把过程开发中心建设成一个成绩卓著的国际中心。要制造出最了不起的化学产品，需要集中最了不起的头脑高效地合作。我们为此组建了一支团队，把能找到的、最好的创意型和分析型人才集中起来。这支团队在许多方面带来了公司的领先优势。如今，我们对过程化学的专长和独创性为全世界熟知。为了做到这一点，我们在 Human Dynamics 公司的支持下开展了一项长达 18 个月的项目，专门开发个人及团队的创造力和创新性。这个项目被设计成“滴灌式”，把知识和技能滴灌到日常工作之中，获得团队的接受和采用。我们选择用很长的时间持续渗透，而不是把团队送到速成培训课程中去，因为速成的培训第二天就会忘得精光。除此之外，引导师会到工作现场走访，通过实际项目和大家感兴趣或关心的话题鼓舞我们。这是一种向实际工作学习的做法，它把发展（开发）的理念更好地植入了企业的文化，效果远远好于各种神乎其神的手段和方法。

在建立全套创新策略和技能的同时，我们把文化和氛围建设的重要性提得很高。借助文化和氛围的力量，让创新和创造力成为企业的“家常便饭”。无论对哪一层级的领导者来说，为工作确定基调、积蓄文化和氛围建设必需的要素，并且实时地、恰当地调整这些要素，这都是最基本的工作职责。Human Dynamics 为我们设计了一个发散式/聚合式思维锦囊，由 20 项策略和工具组成，带来了风格各异、令人耳目一新的创新途径。这个锦囊涵盖了从偏重理性到偏向直觉的，以及适用于个人及团队的各种方法和工具。作为该项目的一项早期成果，我们重新设计了一条综合路线，它在从前的讨论中被完全忽略了。这个项目持续了八年之久，历时之久，纵观商业咨询的历史，无人能出其右。在我看来，这个项目之所以长久，主要有三方面的原因：

- 它本身不带有规定性，这保证了参与者选择最有效要素的自由，也为参与者带来了“所有权”意识。
- 它采用并持续增加知识储备和技能储备，保证了项目的参与度。
- 它产生了一个内部“冠军”。他成了这类项目的大师，他如今的工作是周游列国，向全球企业介绍战略经验，传递战略技能。

↘ 给领导者的启示

为了鼓励创新和创造力，必须营造正确的心理环境，也就是领导者的行为。

创新和创造力的 12 项价值为领导者提供了一份实用的清单。通过这份清单，可以清楚地看到，最多的注意力应该投向哪里。也可以使用这个框架完成自我评测，明确自己的强项和弱项。

对物理环境的一点点关心可能带来创新思维的巨大差异。它不一定完全体现在行为层面。安排一次晚餐约会，或者特别的节目，可以向某人表示爱慕之情。同样的道理，领导者可以通过对环境的注意来表达对创新者的关心，以此鼓励创新者贡献的最大化。

能否坚持不懈地做一个善于反思的实践者（如今，专注力也变得越来越重要），这是分辨领导者学习能力高低的好办法。如何更好地演练这 12 项价值？下面是三种相对稳妥的学习方法：

1．挖掘自己的表演天赋。找一面镜子，表演“表面清醒，内心癫狂”的样子，然后反过来表演一次。观看 20 世纪 50 年代的电影《生活多美好》和《十二怒汉》，领会真实的、有原则的领导艺术的重要性。

2．走进电影院、剧场或者摇滚音乐会现场，体会领导的戏剧要素。领导者既需要里子，也需要面子。假设自己已经拥有了作为领导者的真实内在，接下来，确保你的信息得到了执行者的接收和支持。

3．每个工作日结束之前，专门拿出 5~10 分钟的时间复盘。想想一天的工作，哪里做得不错，哪里有待提高，把卓越和持续改进变成个人习惯。我在第 1 章提到过“公园漫步”，也可以考虑把复盘放在公园漫步时完成。

思考

领导与管理是分不开的。好的领导者一定会管理，好的管理者一定会领导。

对领导者来说，经济性也很重要。在不同的情况下，运用最少的权力、影响力和权威，达到影响他人的目的。高效领导者会在实际工作中用好“低权力消耗”原则，避免权力的滥用。

在脑力型企业中，领导者需要通过各种权力的来源完成领导。应该尽可能多地使用自己挣得的权力，尽可能少地使用组织赋予的职权。在脑力型企业，借助职权的领导,和通过控制资源来实现的领导一样,都是领导者的最后手段。

负责任的领导力带来的是货真价实的红利。符合道德的、可持续的、可信的领导方式能为股东带来双倍的收益。

领导者需要具备基本能力，它包括成套的知识、技能和价值观。同时，领导能力和潜力也可以通过后天的努力来培养。

鼓励创新思维和创新转化的价值观是我们行动的准绳，这一点极其重要。践行创新价值观的企业能够保持在均属回归的水平以上。

刻意地训练反思能力，能够帮助领导者带领企业完成从平凡到卓越的转变。

第 4 章 创新工具

为什么头脑风暴的办法不灵了

邀请客人到家里吃晚饭，你一定会营造舒适放松的环境。这全靠事先的准备工作。要订好菜单，把需要临时添加的食材降到最低；要备好所有的调料；要准备好餐桌。直到看起来无论发生什么状况，你都能从容把握，才算准备就绪。准备头脑风暴也是一样。成功的头脑风暴全靠妥善的准备工作。其中很重要的一项是物理环境和情绪氛围。如果你是脑力型企业的领导者，为头脑风暴提供必要的手段是重要的工作之一，它关系到头脑风暴的成败。

也许你认为，设定环境而已，这有何难？如果工作到位，它确实很简单。但是，我发现即使最了不起的企业也会在这一点上出错，未能以最少的增量工作带来最好的效果。既然如此，好的头脑风暴应该包括哪些部分？概而言之，合适的人、合适的环境加上合适的主题。关于合适的人，我们已经在第 2 章中讨论过了。接下来，我们要探讨合适的环境，它既包括象征价值，也包括实际价值。

象征价值。去什么地点开展头脑风暴？可以在公司里找一间无关的房间，也可以走出公司，它能带来必要的超然感，还可以避开没有必要的打扰。头脑风暴当然可以在公司里开展，但要找一个能够带来心理安全和舒适度的环境，还要一位技巧纯熟的优秀引导师。

实际价值。实在的物理环境，确保：

- 能够容纳全体活动，有利于引导师设定场景、协调创意、促进思考，有利于实现效率的最大化。
- 能够开展头脑书写活动，它需要全体人员环绕一张桌子就座，能分为两人或三人一组，并且支持个人工作，或者个人思考活动等。
- 提供必备的工具资源，包括但不限于彩笔、报事贴、随机刺激物、手册、杂志、触发图片、白板、智能 IT、电子白板等。放些小玩具也能为一些人带来很大的帮助。还要有背景音乐，让参与者的头脑活跃起来，但是不能使用太过刺激性的音乐。因为音乐的效果因人而异，有些人在背景音乐下无法集中注意力，这种情况也发生过。
- 卫生保健。千万不要低估食物和饮料的重要性，它们可以帮助保持水合作用和参与度。

舞台一旦就绪，接下来要准备话题和思考风格的次序。

↘ 驯服抗解性

我们在第 3 章探讨了“抗解问题”。按照目标和手段的不确定性，沿着两条轴线给问题和机会分类，就可以得出“抗解问题”。下面是一些抗解问题的解决策略。为了解决象限 2 的问题，需要一种我称为“从 Z 到 A”的方法（例如，先明确目的或者目标，再通过反推的方法找到眼前问题的解决办法）。

象限 3 的问题更适合系统的发散式思维和聚合式思维，我称为“从 A 到 Z”的方法。象限 4 需要反复的“钳形攻势”（从 Z 到 A，再从 A 到 Z）消除不同情况下的不确定性，它同时包括目标和手段两方面。象限 4 的问题属于令人夜不能寐的难题，要合理地解决它，需要极高的技巧。

通过与 3AM 集团帕特丽夏·希曼博士的交谈，我发现人们有时会使用“错误的工具”。例如，使用时间较长的头脑风暴（象限 2）来解决“象限 1”的问题，也就是“我们和竞争对手比起来怎么样”之类的问题。这类问题只需一些对标工作或者专家的介入就可以解决。也有过使用象限 2 的方法解决象限 4 问题的尝试，那些问题看似容易，结果毫无例外地以挫败告终。

不是所有的问题都能归结到这几个方块中，尽管如此，这个矩阵起码能够标示出你在雷达屏幕上的大概位置。

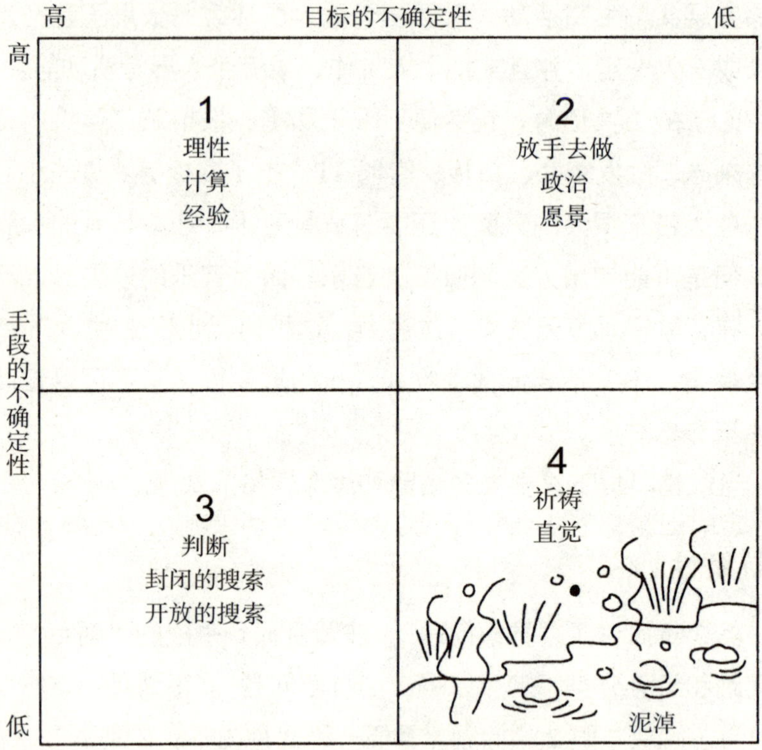

它能帮助领导者辨别不确定性的程度，清除错误的方法，集中精力发现问题的根源。这是非常重要的帮助，它把领导者的工作变为“使用正确的方法完成工作任务”。如何评判创新思维的结果？只要它能够系统地减少象限 4 的面积，或者说，把“泥淖”抽干，它就是成功的结果。领导者的任务就是扩大象限 1 的面积，把未知的变成可知的。

↘ 写在纸上的睿智思考

指导系统性发散式思维和聚合式思维的专门流程有很多，它们往往良莠不齐，如果加上顾问人员的过分热情，反而可能让问题变得更复杂。无论如何，经过了实践的大浪淘沙，这些流程大体可以归结为三阶段的模型，它包括前后连续的发散阶段（开放模式）和聚合阶段（封闭模式）。

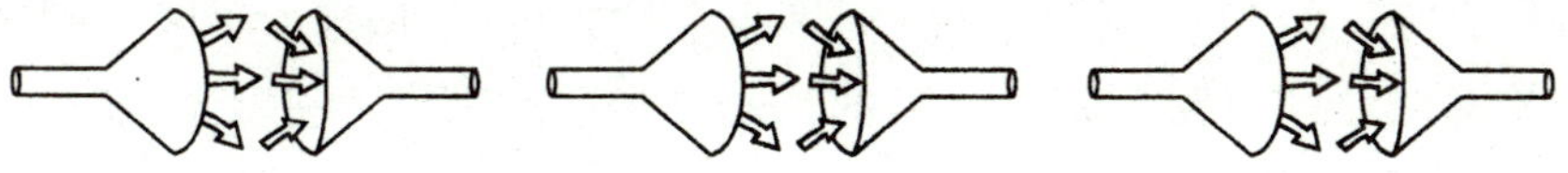

有些情况需要正向流程，也就是我们提到的“从 A 到 Z”的思考方式。如果思考的“目的地”从一开始就不确定，就会出现一种反向的流程，也就是“从 Z 到 A”的思考方式，即从终点倒推的方法。典型的头脑风暴是从中间开始的，它假定所有参与者对讨论的话题都是清楚的，但并非所有的头脑风暴都能做到这一点。通过长期的实践，我发现最好的办法是具体问题具体分析。无论做什么，至关重要的一点就是明确的目标。

任何既定的问题都逃不出几种类型：既定的问题/机会、需要理解的问题/机会。对这个话题的初步探索带给我们巨大的收获，在后续流程中发挥了重要作用：

- 宏观的全貌和微观的细节是如何联系在一起的?
- 从背景信息中提取最重要的部分。
- 把最重要的和最紧急的部分分开，达到长期策略和短期权宜之间的平衡。
- 分辨真实的需求和想象的需求，分辨限制条件和可选方案。
- 了解成功和失败可能的样貌。
- 找到话题的最佳切入点（也就是进入话题最有效、最高效的通道）。

识别了真正的问题或者机会，接下来要实施发散式和聚合式思维技巧。下面是这些方法的样本。

大胆地发散

一项构建良好的发散式思维活动能够提升思考的效率(在给定时间和范式内，产生了多少新颖的想法)。它也能提高想法产生的效果 (有意地拉开与现有思想和范式的距离，达到了什么程度)。即便有时我们需要“离开地球”，再带着新的看法返回，但并非所有的发散式思维活动都离不开“激进”二字，没有任何一种说法，哪怕是暗示，提到过荒谬是创意有效性的标尺。对于创意的有效性，应该通过想法的新奇、适宜和可行程度来衡量。

↘ 头脑风暴

在一本谈论创新和创造力的书里谈论头脑风暴，这算是一种贬低吗？根本不是。多年以来，我见过很多非常糟糕的头脑风暴，我也见过很多文章说“头脑风暴根本没用”。其实，这两点是因果相连的。如果做得很糟糕，头脑风暴当然就会没用。我们有必要回到最初的起点，去搜寻头脑风暴发挥作用的各种线索。亚历克斯·奥斯本是“头脑风暴”一词的创造者，他的原始设计包括很多方面，可惜都被日理万机的大经理们抛到脑后了。

1. 多样性。作为激发思考的先决条件，一个好的头脑风暴小组要同时包括生手和专家，二者具有同等的价值。

2. 准备工作。要在开始之前准备好一些思路，保证参与者的专注力一开始就有一个落脚点。这可以带来沃拉斯提到的“酝酿阶段”，而不是过早的评断。在头脑风暴过程中，要确保做好问题/机会的描述，这样可以为创造性思维留出充裕的空间。要先让参与者热身。不要自我审查，也不要任何其他形式的审查。要把成员参与的最大化作为目标。

3. 思考时间。头脑风暴至少要持续半小时，时间越长，效果越佳。这样才能确保小组成员有足够的时间达到“逃逸速率”。只有头脑的转速达到了逃逸水准，真正的新奇性才能从人们习以为常的、日复一日的想法中挣脱出来。头脑风暴离不开激发，我从未见过无须激发即可驱散既有思路影响的情况。

头脑风暴很容易开展，它能在短时间内带来大量想法。头脑书写是它的一种变体，用来帮助团体中性格比较沉静的成员。每个人把自己的想法写在卡片上，这些卡片会放入想法“池子”中，然后相互交换。为了确保每个人的参与，我常常会把多种方法混合在一起使用。

要提高头脑风暴的效果和整个流程的效率，有几种传统头脑风暴的改善方法（用更短的时间，进行得更深入、更快）。

↘ 反其道而行之

参与者有时会卡壳，想不出好的创意。可以借助反向思维技巧打破这种阻塞。反向思维往往带来更大胆的想法。例如，当机会为“要改善某部门在关键客户眼中的形象，一共有多少种方法”时，反向思维可以是“要严重损害我们在关键客户心目中的声誉，带来挥之不去的坏印象，认为该部门是全行业里最差的，一共有多少种方法”。把这些不合常理的、乖张的想法集中起来，请团队逐一仔细检查，看它们能否为最初的问题/机会带来更多、更好的思路。

反向思维方法通常会带来更轻松、愉快的气氛，激发和鼓动玩兴的一面。吸引参与者进入更富创造力的对话中。当小组困在预设的想法中无法突破时，反向思维也可以发挥作用，因为反向思维的特点就是把正在讨论的话题和现实的情况拉开距离。

立足于反向思维方式，我们开发了一套“言之有物的牢骚”方法，专门用来帮助那些企业文化“过分正确”的公司。这种“过分正确”的文化会形成无言的审查制度，让很多问题连提出的机会都没有。“言之有物的牢骚”为持不同意见的人正名，通过它的简单性和流程化，为企业带来巨大的改善。这种方法说起来很简单，我们会请员工发牢骚，说出那些影响他们的、让他们觉得不平的事（“牢骚”部分）；同时，他们必须为自己抱怨的问题提出对策（“言之有物”部分）。说明一点：在我创造这个说法时，没有任何冒犯动物或者歧视性别的意思[①]。尽管如此，后来辉瑞的同事把它改名为“言之有理的唠叨”，避

① 用来表示“发牢骚”的原文是“Bitching”，它有“母狗”的含义，也有“婊子”的引申义。所以作者会说自己“没有任何冒犯动物或者歧视性别的想法”。——译者注

免任何可能的歧义。经验告诉我，每个人都可以通过发牢骚的办法倾诉和宣泄。但是，牢骚本身不是目的，它只是我们进入"解决问题"阶段的一条通道，通道那头才是创新的真正所在。

↘ 基于异类联想的工具

对喜欢解谜的人来说，有种游戏把多个相关和无关的要素随机组合起来，非常令人着迷。我为一家电信企业设计过类似的游戏，它是一项长达 48 小时的创新"黑客松"。

1. 建立一个谜题，包括 3~4 个问题。这些问题可能相互关联，但是不存在明显的相互关系。例如，新产品、未知的市场、技术、未知的竞争对手等。

2. 在每个问题之间画上三角形（想玩儿得更刺激，可以用象限坐标代替三角形）。

3. 讨论每种可替代的组合方式，直到找到一系列最有吸引力的方案为止。如果没找到，可以改变要素之间的关系，直到成功激发出有趣的、有应用潜力的好点子为止。

这个方法可能看上去过于简单，但它带来的商业创意可不简单，它每年为这家企业带来 1 亿英镑的收入。

基于异类联想的第二项工具被称为 SCAMPER 方法。3M 公司非常推崇这项工具，把它奉为创新利器。SCAMPER 是一项术语清单，把要目标问题和清单中的术语随机组合，以此激发思考。SCAMPER 分别代表：

- **S**ubstitute——替代。
- **C**ombine——合并。
- **A**dapt——适应。
- **M**agnify or **M**inify——放大（或者缩小）。
- **P**ut to other uses——作其他用途。
- **E**liminate or **E**laborate——消除（或者精研）。
- **R**earrange or **R**everse——重整（或者倒转）。

创新思考清单还有很多其他的选项，例如，五何清单（4W1H），即何事、

何人、**何**地、**何**时、如**何**；创造力清单［该清单用 CREATIVITY 一词的每个字母代表一种方法，即 C（Combine，合并）、R（Reverse，反转）、E（Enlarge，放大）、A（Adapt，适应）、T（Tinier，细化）、I（Instead of，取代）、V（Viewpoint change，改变观点）、I（In other ways，其他方法）、T（To other uses，用于其他用途）、Y（Yes! Yes!赞！）］等。

其他诱发异类联想的方式包括分类编目法、蒙眼法和信马由缰法等。在为一家大型制药企业编排活动时，我把这些方法统统用了一遍。实践告诉我们，这些方法都起到了决定性的作用。

信马由缰法。抛开眼前的问题，找一件感兴趣的事，出去走走。花时间想想它的各项物理属性，然后返回之前的问题，重新集中注意力，试着从那件感兴趣的事中找到解决眼前问题的灵感。

蒙眼法。把参与者的眼睛蒙住，转上几圈，请他们在眼罩取下时看准第一件进入视野的东西，讨论它，然后回到先前的问题上。它也属于从“跑题”中寻找灵感的方法。

↘ 基于心理投射和幻想的工具

为了鼓励人们从不同的角度看待问题，超级英雄善用心理投射和幻想方法。这需要借用超级英雄的角色形象，它可以是拥有某种“相关”特质的角色（如一位解决问题的专家或者创造力天才），也可以是任何一位英雄形象（如超人、虚构的英雄人物、某位偶像人物等）。超级英雄距离现实有多远？这一点不重要，只要你觉得“做几分钟”这位英雄很舒服，这就足够了。简单地说，就是让参与者进入某个角色，从角色的视角出发，对讨论的话题发表看法，这种看法不需要具备任何现实价值。至于是否需要穿上道具服装，建议让参与者自己决定。

迪士尼创意策略也使用了心理投射的方法。据说，华特·迪士尼认为，任何一部伟大的电影作品都离不开三个角色：梦想者、批判者和现实主义者。华特经常参加制作人会议，对正在进行的工作提出评判意见，提供缺失的要素。迪士尼方法就是在这个基本概念上建立起来的。

梦想者。一个有远见、识大局的角色。对他而言，不存在边界、限制或者束缚的概念。问问你自己："给我一个完美世界，我真正想要的是什么？"

批判者。在你检查计划、查找问题、困难、意料以外的情况时，你扮演的就是批判者的角色。想一想，哪里做得不对？还缺少什么？可能产生怎样的溢出作用？记住一点，批判者的重点在判而不在批。也就是说，批判者最要紧的工作是评估，而不是纯粹的批评。问问你自己："哪里不大对劲？"

现实主义者。组织计划，开展评估，确定现实可行的计划。完成建设性思考，确立行动计划。为整个项目的进度设定时间框架和里程碑。确保整个计划由合适的人或者团队发起和操作。问问你自己："为了让计划早日实现，我需要做些什么？"

个人和团队的状态可以自由配置，所以这个流程既能顺序使用，也可以平行并用。爱德华·德·波诺的"六项思考帽"比较复杂，需要佩戴帽子道具，但它基本属于同一种方法。我曾见过六项思考帽失败的案例：引导师糟糕的工作引发了参与者强烈的自我意识，他们对佩戴帽子无法忘怀，无法进入角色。所以说，在团队参与的情况下，这些方法都离不开良好的引导和辅助。

↘ 基于失调和感情宣泄的工具

隐喻。它把问题和想法之间拉开距离，这是它的作用发挥机制。有人说过，事业就像旅程。让我们从这个比喻出发，尽情发挥想象，想想一次愉快的旅程需要些什么。例如，时不时打个尖（个人发展中的"赛车进站"），去风景如画的地点尽情观赏（走出你的舒适区域，广交朋友），等等。多问问自己："问题看起来像什么？"由此得出一连串的譬喻，选出其中的一项或者几项，想想怎样把它们做得更好。把得出的结论与最初的问题联系起来，检查每项想法的相关性，在隐喻的本体和客体的对照中激发出创造力。

加雷思·摩根说得好，一项好的譬喻一定与本体存在交叠之处（就像文氏图[①]存在交叠部分一样），同时必须存在充分的差异性，唯其如此，才能形成创

① 文氏图（Venn Diagram），又称维恩图，用来展示集合之间的逻辑联系。——译者注

造力的张力（如地球和火星存在一定的相同或者相似之处）。假如一项譬喻与本体相隔太远，人们往往会觉得离题万里，无法把它们联系起来，即便得出想法，也往往看上去像“来自另一个星系”。

工作中的玩笑。从一本正经到荒诞不经，这个转变会自然生成精神上的发泄和新的认识，这就是“工作中的玩笑”作为一项工具的落脚点。对创新思维来说，笑声是一种强有力的工具。我的一位同事曾是英国航空公司的“御用喜剧人”。他的工作是想方设法让董事会从习惯性思考方式中脱离出来，因为习惯性思考无法解决某些战略问题。一直以来，英国航空的文化都是工程师文化，他们用工程师式的思考方式解决所有问题，甚至包括经营管理中的战略问题。所以，英国航空需要在顶级管理层容留一种颠覆性的力量。这位仁兄如此工作了很多年。直到有一天，就像宫廷里的“弄臣”一样，他的笑话不再好笑了，他被英国航空“逐出宫廷”。当然，我们生活的不是中世纪，所以他活了下来……

这类官方授权的玩笑有几种，有的相对安全，有的比较极端。每家企业终归要找到自己的方法，这就像调制鸡尾酒，众口难调，适合自己的才是最好的：

- 开一些与问题无关的玩笑。
- 开一些与问题有关的玩笑。这很像由一群 MBA 演出的另类喜剧！不过，新手很难驾驭这种方法。
- 利用不可思议的、滑稽戏的或者舞蹈的手法，对问题进行新的解读，找出新的解决方法。这个方法不适合胆小怯懦的人！

辩证式探询。通过创新冲突，发现并挑战既有的假定，带来新的感知和体会。由引导师负责组织提案、反提案和评审团。评审团由话题提出者组成。

提案小组提出一项计划，一份充满吸引力的、带有关键假设的短名单。交给反提案小组。反提案小组提出对应的反提案，研究并打破每项关键假定，提出一项看上去可行的反假定，以此作为立足点，得到新的数据，重新解读旧数据，提出反计划。然后，把两套计划和数据、假定一并提交给评审团。评审团会比较两项计划的优弱点。在整个过程中，引导师要保持中立善意，防止团队间的竞争产生破坏性。评审团要找到未被发现的假定，这些假定可能是问题背后理论的核心。

接下来，把两支团队合并起来。由评审团负责领导，提出一张清单，把所有人都同意的基本假定罗列出来，由此提出一项新的计划。通过辩论把受到最多关注度的假定放入一个“池子”，删除那些未被接受的假定。至于那些相互抵触的假定，必要时可以重新加工一次，达到双方都能接受的程度；或者设计一项简单的测试，决定取舍。

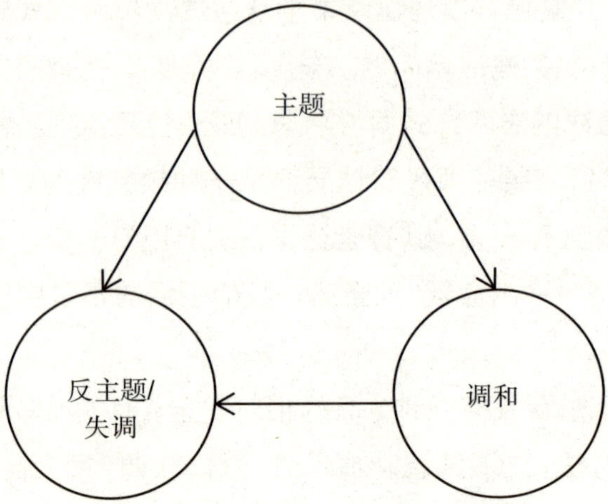

小心地聚合

大胆地发散是一回事，小心地聚合是另一回事。如果用“我们平时就是这么做的”这种粗疏的标准来衡量，即使最好的创新思想也会变得毫无用处。这是因为，从性质上说，创新思考是完全未经尝试、未经检验的。但是，这并不意味着创新想法不需要通过“压力测试”的考验。实际上，压力测试是企业风险预测的必然要求。但是，要对创新想法区别对待，把它和已有商业提案分开。否则，绝大多数创新方案都会在过程中惨遭淘汰，所剩无几。接下来，人们就会振振有词地下结论：头脑风暴根本就是浪费时间，“兜了一大圈又回到起点”。既然如此，应该在何时“小心地聚合”呢？答案很简单，就在人们说“我认为我的想法最好”“我认为大家都知道答案了，还要白费力气做什么头脑风暴呢”

“对于应该做什么？我们一点头绪都没有”这样的时候。

好的聚合方法就是组织想法，标识出相近或重复的想法。对各个想法做出理性的估计，在不损害创新本质的前提下，把想法精简到可以管理的数量级上。可以把有趣的想法合并在一起，成为更加连贯一致的新方法。这种方法不仅能把相互关联的想法集中在一起，而且可以在需要选出唯一的胜出方案时帮助判断。聚合方法大体可以分为“意见组织助手”和“决策框架”两大类。

↘ 意见组织助手

据说，人类的意识心智在给定的时间内最多只能同时记住7件事（加减2）。那么，当一次头脑风暴得出150个想法时，该当如何呢？最愚笨的做法，是把150个想法打个折扣，退回到初始想法上去。有经验的做法是使用意见组织助手。当你充耳听到的都是“我们的想法过多了，我要去吃午饭了”“窥一斑而知全豹，说得好听，我可做不到”“想法太多了，我觉得还是开始的想法最好”，就是需要对意见进行组织和归类的时候了。

意见组织助手的例子包括思维导图、鱼骨图、梯形图、丰富图、关联树、LogoVisual技术等。我们会在本章的后半部分讨论其中的几项，读者可以在本书的配套网站上详细研究其余的例子。

↘ 决策框架

投票。这个框架很简单，和它的名字一样简单：把所有的想法罗列出来，就大家关心的基本投票规则达成一致，为每位投票者发放星星贴纸，用来贴在他们拥护的意见上，一次只能贴一个。引导师可以依据实际情况决定，可否把所有三颗星贴到一个想法上，还是硬性规定每人在每个想法上最多贴一颗星？

这个方法简便、方便组织、快捷，能够对大量的想法做出快速的评价。尽管它很简单，但有些团体习惯性地把它变得更复杂。在欠缺公开性的情况下，可能需要安排“封闭式投票”。除此之外，“众人关心的基本规则”可能潜藏着隐患。切忌使用“常规事务”的标准来衡量创新想法，它会造成创新思维的极大浪费。为此，我推荐NAF方法。

NAF 方法。投票是为候选方案记分/评价的简单方法，NAF 是对投票方法的升级。它使用高、中和低为方案定级。如果需要更细化的区别，可以采用 1~10 的数字来评分。NAF 的标准是：

- 新颖。该想法的新颖程度如何？
- 吸引力。作为解决方案，这个想法的吸引力如何？它能彻底解决问题吗？或者，它能部分解决问题吗？
- 可行性。立足现有资源，或者能够取得的资源，把这项解决方案付诸实施的可行性有多大？

网格。它是一种有用的方法，它能有效缩小可选方案的范围。典型的做法是使用两到三个维度，如影响力与实施难度的对比等。

配对比较分析。它是一种更复杂的方法，用来对可替代方案进行彻底的理性对比，选出一项压倒一切的方案。它能帮助对比一个集合之内所有可选方案的重要性和相关性。正是因为它的复杂性，它能有效消除“鳄鱼脑”对决策过程的消极干预。在本书的配套网站上，读者可以找到这一流程的详细描述。

决策树。它提供一种系统性和逻辑性的方法，识别聚合式思维的不同选项。在选项过多的情况下，决策树可以帮助我们做出关键的取舍。

创造力策略：聚合、俳句和健康

当我 14 岁时，偶然在一盘磁带里听到狄兰·托马斯的“而死亡终不能主宰”，从此便爱上了诗歌。我想把自己对诗歌的热爱带入工作中，这是我一直以来的心愿。

在一次 NHS 经理和社区团体关于领导力的活动中，我被聘请做引导师，机会来了！我本来准备用 PPT 讲课，那时刚刚过完圣诞节，我的夫人送了我一本俳句诗集作为圣诞礼物。于是我决定，不要用我的或者别的理论家的思想灌满听众的头脑，我布置了一项作业，请他们用俳句的形式描述“领导力”三个字对他们的意义。一开始，教室里充满了惊诧的沉默，大家彼此交换探询的目光和表情。一位胆子比较大的听众问我：“也就是说，您要求我们写诗。对吗？”我回答他：“是的！”顷刻之间，房间里的能量水平蹿升起来。最后的结果令人惊叹！这比厚厚一本360页的白皮书鲜活得多。

从此以后，我在许多场合使用了这个技巧，每次都能取得非凡的结果。这些结果不仅出乎意料，而且充满力量。它教给我一个道理：只要给予恰当的时间和空间，在限定的条件和简单的要求之下，人人都能创造出最美好的成果。

NHS英格兰，保罗·迪莫尔

↘ 评估

读者可以访问本书的配套网站，获取关于“大胆地发散”和“小心地聚合”的更多技巧，例如：

方法论	适合聚合还是发散	适合个人还是团队	渐进为宜还是激进为宜	需要引导师还是自助即可
头脑风暴和头脑书写	发散	选其一	选其一	需要引导
反转	都可以	选其一	激进式	选其一
谜语	都可以	选其一	选其一	选其一
SCAMPER	发散	选其一	选其一	选其一
创造力清单	发散	选其一	选其一	选其一
随机组合	发散	选其一	激进式	选其一
超级英雄	发散	团队	激进式	需要引导
迪士尼创意策略	都可以	团队	选其一	需要引导
六顶思考帽	都可以	团队	选其一	需要引导
譬喻	都可以	选其一	激进式	选其一
公司的玩笑者	发散	选其一	激进式	选其一
辩证式探询	都可以	团队	选其一	需要引导
投票	聚合	选其一	选其一	选其一

续表

方法论	适合聚合还是发散	适合个人还是团队	渐进为宜还是激进为宜	需要引导师还是自助即可
NAF 标准	聚合	选其一	选其一	需要引导
网格	聚合	选其一	选其一	需要引导
配对对比分析	聚合	选其一	选其一	需要引导
决策树	聚合	选其一	选其一	需要引导
复杂度映射	丰富图	边界松弛	协和创作法	仿生学
梯形图	几串香蕉	形态分析	村民	思维导图
Q 分类	滚雪球	承诺图表	实施清单	力场分析法

这些技巧很像发散式思维和聚合式思维的“散页乐谱”，在音乐领域，“散页乐谱”可以通向伟大的音乐。真正的艺术大师善用不完美和错误，借力超越“以数字作画”的层次。通过刻意的练习，每个人都能达到“自由即兴表演”的程度，结合不同场合的具体情况，熟练运用各项策略和技巧。

创造力策略：维珍集团的创新和事业——不只即兴发挥，还有技巧

有人认为创造力是与生俱来的，要么生来就有，要么永远都没有；也有人认为创造力是可以通过后天的学习、联想或其他技巧培养的。为了这个问题，我专程采访了理查德·布兰森爵士。他很睿智地概括所有的可用策略，不仅包括天生的基因要素，也兼顾了后天培养。

人们常常好奇，企业家是天生的还是后天成长而来的？我不相信有人天生拥有轻松经营企业的能力，我认为，这种能力是通过学习获得的。企业家精神不是专为某一种特定人群而存在的——可以说每个人都是天生的企业家，只是有些人在长大的过程中淡忘了这一点。对于创造力，也是一样的情况。我们都曾遇到过大家枯坐在会议室里绞尽脑汁，找不到新的解决方案的

时候；也都体验过会议室里灵感奔流，了不起的想法层出不穷的情形。其中的差别在于参会的人、思考的技巧、项目领导者的心智模式等。

随着经验的日积月累，我们终将找到好办法，从自身和同事身上汲取最富创造力的好想法。在澳大利亚维珍，我们建造了一间创意实验室，专门收集每个层级、每位员工的好点子。这个方法帮助我们找到了层出不穷的解决方案，还发现“创新冠军”，也就是那些创新思维特别突出的人，他们会得到进一步的培训。

创新和创造力策略

在创新和创意活动中，有经验的引导师会帮助归纳各种技巧。有一些替代性方案，借助于策略的完整运用，也能达到同样的目的。下面是我最喜欢的几种方法，它们来自我在这个领域 20 年的经验。

↘ LogoVisual 思维

在英格兰北约克郡有一座管理创新中心。它致力于帮助高管人员做好创新工作，帮助高管人员澄清目标、愿景和价值，成为商业计划和变革项目的最前端。中心通过为期两天的、有指导的互动活动实现思想的统一。它的流程拥有高度精密的设计，能够实质性地、情绪性地和认知性地整合各项学习内容，达到系统改变集体意识的目的。

该中心不仅提供卓越的引导，营造有利于思考的微观氛围，而且凭借 LogoVisual 思维（LVT）技术，成为思维技术的创新者。LVT 让每位参与者对结果的设计有所贡献。无论哪一种创造性思考活动，参与过程是拥有成果的必要条件。对于这一点，很多企业和组织都有非常深刻的认识，如 TNT、约克郡水务公司和阿尔斯通等。

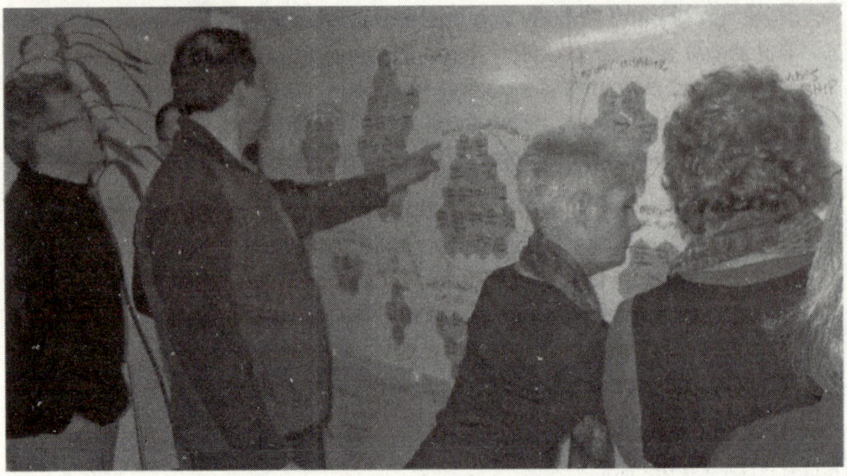

LVT 是一种特别的视觉思考方法。在这种方法中，抽象的想法表现为移动的物体。通过对这些物体的控制，可以探索各个想法之间的关系。它鼓励探询，帮助人们把各种想法放在一处，产生行之有效的新想法。它还揭示了想法的内在规律。LVT 激励人们摆脱逻辑层面的思维方式，获取足够的理解，更好地决策、筹划和行动。它把各式各样的想法写在磁性笔记上，这些磁性笔记就是共享的材料，帮助人们从"旧"想法中抽取新意义。当不同的磁性卡片放在一起，并且"行之有效"时，就是每位成员获得新思路的时候。这种方法可以改善思考，消除误解，建立关系。

人类学家、系统思想家格雷戈里·贝特森指出：

> 组织是一种可以描述的代数学，它永远多一度抽象。组织会假定一种由无数细节组成的聚合与分类。这些细节将会被抛弃，汇总表会取而代之。
>
> 《贝特森与贝特森》，2004 年

贝特森在 20 世纪 80 年代的著作预示了 LVT 的到来。LVT 是细节的聚集、组织、概括，它最终帮助人们把细节放在一旁，专注于更加抽象的工作。LVT 也是一种代数思维。它的下一个发展阶段是环套创作，它是更进一步的工具，揭示更高阶的建构。

此外，还存在多种方法，它们立足于客户的需求，围绕核心流程展开。以波瓦的戏剧技巧（也叫户外体验式学习）为例。波瓦的方法经过精心编排，结合各类输入数据，挑战了受众的心智、领导培养实践、团队合作、拼贴式创作、星座、反思和冥想等各类方法，达到实现预期结果的目的。在这个过程中，餐食、背景音乐和环境都是至关重要的组成部分。关于这些因素的作用，我们在第3章已经讨论过了。

我们在上文探讨过“小心地聚合”，（管理创新中心）主任约翰·瓦尼视之为至关重要的成功秘诀：

> 我们把各种想法汇聚在 LVT，目的不是把它们分门别类，而是一种更加精妙的追求。分门别类的目标是把信息按照相似程度区别开来，按照逻辑树检索，这和档案系统同理。而在 LVT 里，我们的目的是不同的，我们要打破过去的逻辑，让新颖性浮出水面。因此，我们借助更加偏重直觉的概念聚类。
>
> LVT 并非分群和命名那么简单，它还要撰写摘要。摘要“代表”所在集群的所有细节，并为这些细节赋予深度。这是意义建构的重要方面，也是最具挑战的一方面。它主要依赖“理解”二字（“理解”与“本质”有着相同的含义①）。为想法分类到探索摘要相关性的变化，实际是逻辑水平的变化。
>
> LVT 带来的是一种认识论的变化过程，它带给我们新知。
>
> 约翰·瓦尼，管理创新中心

全系统干预

近年来，大量咖啡厅风格、市政厅风格的辅导场所如雨后春笋一般涌现，为大批创业人群提供机会和物理条件，帮助他们就共同兴趣或关注的话题开展

① 从字面看，“理解”的写法（Under-stand）与“本质”的写法“Sub-stance”有着非常接近的含义。其中，Under-（在……之下）与 Sub-（在……下面）接近；-Stand（站立）与-Stance（立场）接近。作者取字面的接近性论证二者含义的近似性。——译者注

合作。这些辅导技术包括大团体介入、肯定式探询、实时战略变革等。在这些方法中，开放空间技术尤其值得注意，它带有释放创造性和自主变革的潜质。开放空间技术的操作基于五项自主参与原则和一项基本规则：

1. 每个参与者都是合适的人选。
2. 时间和时机不重要。
3. 任何场所都是正确的场所。
4. 所有发生的都是应该发生的。
5. 该结束时才结束，不要提前结束。

开放空间技术的一项基本规则是“双脚法则”。任何情况下，如果发现自己既没有学到什么，也没有贡献自己所学，那么请挪动你的双脚，走出会场，去做更有用的事。开放空间技术的一大特点是，它的会议目标是自我浮现的，而不是事先给定的。这是它最大的强项，也可能是最致命的弱点，尤其对于不擅长自我组织和管理的人来说。在完成良好的情况下，一项开放空间技术活动带来的成果和参与度是无与伦比的。成功的开放空间技术活动完全依靠充分的准备工作。凡事预则立，不预则废，这里的道理是共通的。

大师是怎样炼成的

每个人都有专属自己的工作方法。尽管如此，还有许多人向我求教，想知道我是如何规划活动的。我的答案可以归结到第 1 章探讨过的“状态”话题上。在特定的情况下，设计一种方法或者工具时，我主要考虑三项因素：

1. 任务，监督之下的任务（“抗解”程度）。
2. 人，人的“类型”和他们的期待等。
3. 背景（包括环境、时间等要素）。

例如，前文提到的电信企业“谜题”，它的设计主要基于两项考虑：一是参与者多是工程师。总的来说，工程师更喜欢求解复杂的谜题。二是我的设计必须足够宽广，足以容纳各类要素。这样才能让各种要素发生互换。我很自豪地说，在我为这次峰会提供的一整套工具中，这项工具是最成功的。

另一个成功的例子。我受托帮助一家制药企业更新产品开发战略。该客户的特点是：工作人员高度逻辑性，经营环境的监管程度极高。我为他们设计了“8个I”清单，其中包括两项充满争议的“I”，即“违法的”（Illegal）和“不道德的”（Immoral）。我要求参与者先把注意力集中在这两个“I”上，通过这种非常规手段，这家企业最终打破了数项内部禁忌，产生了大量的玩兴。在流程的后半部分，我“砍掉”了所有的极端创意。因为它们不符合法律和道德的要求。这种方法带来了一系列真正新颖的创意，它们延长了企业产品的专利期限。本来，按照该产品原本的专利审查说明，它的专利期限只剩下几年的时间了。

对某事的精通来自经验和对新事物的尝试，而不是相似工作的不断重复。想成为创新思维大师，请选定一个领域，通过实践磨炼自己的技能，积累自己的经验。成为大师离不开“引导”，它是一门精妙的艺术，也是优秀和伟大之间的区别所在。

俄罗斯芭蕾舞蹈家安娜·巴甫洛娃很清楚“工匠”和“大家”之间的区别。她说过，我们应该熟练掌握某种技巧，然后把它忘得干干净净，顺其自然地做事。想要创造条件让框架以外的想法自然发生，单凭技巧本身是不够的。应对这种情况：一种做法是引入明确的程序规则，如结构性创新思考方式；另一种做法是聘用熟练的引导师。业余引导师和职业引导师之间的区别，主要体现在以下几方面。

职业引导师拥有一整套宽广的技能和方法，并且深刻理解背后的理论，这是实践的基础。只有这样，才能把所需的工具恰到好处地集中在一起。同时，职业引导师也是流程效率专家。在时间紧张的情况下，职业引导师有能力直达问题核心，远远快于业余引导师。他们通过天衣无缝、浑然一体的方式运用各种技巧。也就是说，职业引导师能够因变而变，见招拆招。面对不同的对象，“打包组合”不同的技能。在应对“挑战性”问题和复杂方法时，引导师为我们提供“脚手架”式的支持。职业引导师还会关照团队的氛围，这既包括关系建设、流程巩固、不可预见情况的处理，也包括使用每个人都能接受的方法来应对“不可讨论的”问题。

同新手引导师相比，熟练的引导师有着怎样至关重要、又常常被人忽视的作用？或许可以通过下面的故事做一解说。

创造力策略：引导师的一天

朱莉一天的工作从凌晨5点开始，因为今天的客户离她有50公里。刚一抵达，朱莉发现她发出去的有关房间布局和其他重要细节的邮件被客户忽略了。早上7点15分，朱莉解决了几个主办单位认为不重要的问题（她有些想不通，既然他们认为不重要，之前为什么还要她专门为此发邮件呢）。

客户（他的名字叫约翰尼）抛来了几个意料之外的问题。20位应邀出席活动的人员中，有8位被派去参加别的会议。约翰尼说："没关系，我叫了办公室的工作人员过来，他们可能对你的活动没什么兴趣，或者根本不懂你要讨论的内容，但是我想他们可能很愿意出席你的活动。你不是说过，这个会议需要一些'天真的'参与者吗？还说这很重要。我觉得这些人就很傻、很天真。"然而，约翰尼并没有给这些人发过邀请，所以这些人根本不知道这个活动的原因，也不知道它预计的结果是什么。朱莉笑了笑，在心里叹了口气："好吧，这就是他们雇用我的原因。"朱莉想起了自己在即兴表演中学到的有用知识，她不停地提醒自己：如果遇到预料之外的障碍物，如一把不该出现在舞台上的椅子，游戏规则是"用好障碍物"。

在正式开始之前，朱莉迅速地向每个人介绍了自己，说明了当天会议的目标，以及她希望大家做什么。正式开始时，朱莉请团队中一两位成员向新来的参与者介绍当天的目标，然后请新来的成员提问，直到每个人对当天活动的认识达到同一个程度为止。这样，朱莉不仅"用好了障碍物"，她还发现，在之前的参与者当中，居然有些人根本没有认真读过邀请信。他们是两位拥有社会学学位的公司主管，想要在营销和销售部门一展身手。活动结束时，所有人一致认同，最初没有得到邀请的成员一样具有真正的贡献和价值。

思考

脑力型企业要用一整套灵活的、用于发散和聚合式思维的战略和工具武装自己，才能始终保持生机勃勃、头脑清醒、灵活敏捷。

多花些时间理解你正在钻研的问题，在面对 VUCA 问题或者机会时，它能帮助你节省大量的时间和精力。

在操作得当的情况下，头脑风暴是一种管用的工具。在操作失当的情况下，头脑风暴的作用无从谈起。其中的关键在于准备工作和引导师的能力。

一流的头脑风暴带有一整套工具和技巧，它们帮助头脑风暴进行得更深入和迅速。在头脑风暴的补充作用下，创新性思维的效率和效果能够得到提升。

对于任何创新性思维而言，最困难的部分在于“小心地聚合”。粗心的聚合可能让所有创新思维的努力付诸东流，所以，请务必使用专业的方法。这就意味着，要对那些脆弱的、尚处于萌芽状态的想法给予适当的关怀，而不是使用对待“平常事务”的手法简单粗暴地评断它们。

除了工具和技巧，还有一种全系统策略。它能支持创造性和变革力。上文提到的 LogoVisual 技术和开放空间技术是其中两个最有代表性的例子。有了它们的帮助，更大规模的团体得以进入发散和聚合式思维的过程中。

离开了恰当的引导，再好的技巧也无济于事。优秀的引导师帮助人们接近抗解问题的解决之道。在他们的帮助下，我们甚至不会察觉到发散或聚合式思维技巧的存在。优秀的引导师和所有优秀的专业人员一样，他们会让事情变得很轻松。

第 5 章 失败与成功

那些不敢冒险的人，每年大概要犯两个大的错误；那些敢于冒险的人，每年大概要犯两个大的错误。

波得·德鲁克，《创新与创业》，2006 年

如果你是一位创业者，而且你的首次创业一败涂地，欢迎加入我们。

理查德·布兰森爵士

从失败到学习，而不是从失败走向失败

在有些企业里，失败被视为罪大恶极。但是，如果你或者你的企业意在创新，就必须接受一点：为成功而做出的首次尝试，往往以失败收场。亨利·福特接连两次惨败，才在 1903 年成功创办了福特汽车公司。可口可乐 1886 年初建时，是以专利药物的面貌出现的。脑力型企业里最伟大的头脑一样会犯错。因此，失败理应成为学习的良机（也就是从失败到学习）。既然如此，在开始一个项目、设计开发新产品和服务之前，有可能预知什么时间失败吗？绝对地讲，答案显而易见是不能，否则世界上就不会有创新失败这回事了！尽管如此，有很多失败源于比较共性的原因，值得认真研究，然后施以反转的技巧，在一定程度上避免失败的发生。尤其值得注意的是，埃弗里特·罗杰斯关于成功创

新扩散的影响因素列表，它在一定程度上提供了预见性的手段，揭示那些显而易见的注定会带来失败的陷阱。为了提高创新成功的概率，请务必确保你的创新工作符合下面的标准。

相对优势。相对优势的重要性在于，如果一项创新拥有总体的相对优势，可以不必依靠某一项独特卖点。相对优势的表现形式可以是功能性的益处、情绪性的益处，也可以是精神性的益处，又或者包括全部三种模式（也就是头脑、心灵和灵魂）。按照营销大师菲利普·科特勒的说法，我们都生活在营销世界里，我们期待自己的产品和服务既能符合人们的价值，又能迎合“功能与优点”的传统方式。想想詹姆斯·戴森的例子，为了发布革命性的戴森真空吸尘器，戴森选择的方法是让它成为人们在时尚鸡尾酒会上的谈资，而不是简单地组织一次“塑料工业工程大会”。试问自己下面几个问题：

- 对于最终用户或者客户来说，从头脑、心灵和灵魂的角度来看，我的创新如何展现高人一筹的优势？
- 如果我的创新得到了采用，它能带来的继发性收益是什么？

兼容性。为什么有些创新未能进入市场，未能走进千家万户？一个普遍的原因是兼容性不够。无所不能的谷歌也会出现忽视兼容性的问题，发布谷歌钱包时，谷歌公司的目标是用这项数字应用替代人们的钱包。问题在于，人们早已不用钱包了！据估计，截至目前，这个失败的项目耗费了谷歌3亿美元。再举一个兼容性的成功案例——索尼的随身听。索尼的首席执行官意识到，作为一项新产品，随身听存在不符合社会的“群体生态”的问题。因此，索尼公司设计了一款衬衣，带有特别的口袋，专门用来携带随身听，把随身听变成了一项时髦的配件。索尼用这种方式解决了问题，还顺便进入了衬衣市场。问问自己：

- 你的创新范式如何与现有思考方式或实践保持一致？
- 想取得双方共同期待的结果，这项创新的确是更好的选择吗？
- 能否使用更容易记住的命名或者包装，让它更易于接受？

在软件和电脑系统开发领域，兼容性特别重要，忽视它的后果非常严重。

简单性。未能转化为创新的发明有一个共同的问题：只有发明者才明白它是什么。如果人们对一项创新的感受是“复杂难懂”，那么它多半会失败。早在 1888 年，柯达公司就通过行动诠释了简单性的意义：

> 您只需按动快门，剩下的交给我们！
>
> 柯达公司广告语，1888 年

“伊甸园工程”改变了西英格兰的面貌，是一座可持续创新发展的丰碑。它的 CEO 蒂姆·史密斯过去从事音乐行业，曾为巴瑞·曼尼洛写过歌，还担任过摩托头乐队的音乐制作人。音乐教给蒂姆的一切，被他很好地用在了伊甸园的商业拓展工作中。蒂姆说，他在伊甸园项目上的营销手法和音乐领域的手法完全相同。例如，设计一张专辑封套时，要用简单的叙述手法，让人们第一次见到它就爱上它。专辑封套很小，方寸之间存在着有用的约束作用，避免了过长或者过于复杂的解释和说明。这里提到的简单性至关重要，没有它就不会有用户的介入。早在 1919 年，在一众管理大师写出各自的皇皇巨著之前，杰拉德·佩奇-伍德就理解了简单性的真谛，他为胡佛吸尘器写下了经典的广告语：“拍拍扫扫，清洁溜溜。”问问自己：

- 公司以外的人能不能轻松理解这项创新？
- 你能在 30 秒之内说清楚这项创新吗？或者能用 7 个字说清楚吗？
- 这项创新能进一步简化吗？

可试用性。一些新鲜事物需要先经过试用，才能得到采用。如果有人为你提供一种革新性的清洁牙齿的方法，你是不是要先看一下原型机，才决定是否购买呢？问：

- 整体采用一项创新之前，能不能先试用部分功能？
- 关于创新的新要素，如何降低其不确定性？
- 如何尽可能地鼓励早期使用者尝试一部分功能？

可观测性。创新的可观测性是一个问题，尤其对无形的服务而言。想一想电话、电力和互联网就明白了。这些事物，通常只有在它们消失不见时，人们才会注意到它们的存在。问题在于，很难凭借断电的手段让人们成为一家电力公司的用户。想获得早期采用者，最重要的是，传递可观测的体验给他们，它可以是看得见的、听得到的、摸得到的，可能的情况下，也可以是闻得到或尝得到的。问问自己：

- 这项创新能不能更直观？如何做到？
- 表述这项创新的最佳方式是什么？
- 在表述和沟通的过程中，如何调用所有可能的感官？

成功要素1

务必确保各项目或想法通过相对优势、兼容性、简单性、可试用性以及可观测性对照清单的核对，提高创新传播的成功概率。

从个人层面讲，有些发明者和创新者容易忽视这一智慧，把自己陷到终极的危险境地。接下来，我们来看克莱夫·辛克莱尔爵士的例子，然后是约翰·奥特韦的例子。说明那些拥有惊人创造力的人们是如何几乎与伟大的创新擦肩而过的。

个人因素

点石成金的危险性

古希腊哲学家德谟克里特警示我们，在正式理解成败的心理状态之前，最好先改正自身的谬误，而不是指摘别人的过错。克莱夫·辛克莱尔爵士被誉为英国最知名的百万富翁之一，他一手缔造了辛克莱尔家用电脑商业帝国。受到成功的鼓舞，辛克莱尔爵士开发了一款型号为辛克莱尔C5的电动汽车。它是一款面向城市通勤族的产品，拥有出类拔萃的环保认证，意在吸引开车和自行车通勤者的购买兴趣。然而，这款电动车遭到了很差的评价，原因包括安全隐患、只有15英里/小时的最高速度、过短的续航里程、糟糕的全天候性能等。它没有对任何一个细分市场形成吸引力，因为它不具备社会学意义的匹配性，很多方面都无法通过埃弗里特·罗杰斯测试。在过去的光环之下，辛克莱尔爵士变得有些狂妄自大，他或多或少地认为，只要贴上他的名字，任何产品都可以大卖特卖。正如德谟克里特的忠告所言，这是一种危险的思维方式。在大多数辛克莱尔目标客户的眼里，C5 的限制条件是非常明显的交易破坏因素。

成功要素 2

永远不要脱离实际。作为一家企业的掌舵人，要时常借助充分的分析来交叉验证自己的梦想，要勤于开展现状核实。

接下来的故事告诉我们，失败是如何成为非凡的学习良机的。它的前提是，如果目标没有达成，我们是否有能力掌控意料之外的结果。

↘ 见他人之未见

道格·莫里斯是索尼音乐的首席执行官，他曾和我谈起“见他人之未见”的重要性，这是他聘用的多数音乐高管的一项核心技能。万艾可（Viagra，俗称“伟哥”）的发现及成功的市场投放也是从出乎意料的结果中产生创新的绝佳案例。我们或许可以干脆把“出乎意料的结果”换成“失败”，也是行得通的。在万艾可的案例中，包括创新展开的过程中，有几位关键人物，他们的特殊贡献值得一提。

伊恩·奥斯特罗是万艾可的最初合成人。他性格沉静，完全不属于把自己的发明“广而告之”的人。这告诉我们，企业不能只听那些“嗓门最大”的声音，否则就不可能发现伊恩的创新，更不可能为之配置资源。

这种药物是面向低血压治疗开发的，然而，临床试用证明，它的疗效很一般。就它的目标治疗效果而言，实际上它是失败的。然而，就在临床试用期间，护士注意到，这种药物存在引起男性勃起的副作用。对很多企业来说，一定不会注意到这种副作用的意义，因为它与该药物的主要治疗目标没有直接的关联。但是辉瑞公司认真对待了护士们的反馈，做出了进一步的调查研究，于是才有了万艾可。

万艾可的第三点创新来自市场投放工作，辉瑞公司在这一工作中承担可控的风险。戴安娜·贝尔勇挑重担，担任万艾可的产品带头人。她为这款新药赢得了用户的接受，也带领辉瑞进入了一个完全未知的市场领域。究其实质，这个案例讲述的是如何让自己的眼光超越眼前的失败，如何更好地倾听，以及如何承担可控的风险。假如这三项品质中的任意一项不存在，人类可能到现在都没有治疗勃起障碍的有效手段。

成功要素 3

要比目标看得更远。成功的创新要永远向未知敞开大门。

制度化创新

失败、胜利与成功

几年前，我和阿斯利康公司的巴里·弗尔有过一次谈话，谈到科学的研究与开发，他仔细剖析了失败、胜利和成功之间的差别。失败涉及不胜任或者能力不足（如忽略了关键的实验），它是需要克服的，企业都期望自己的科学家在工作中发挥最高的专业水准。成功和胜利对假定和问题做出有意义的回答。如果一项实验的结果带来了放弃一个项目或者企业的决定，它实际是一种成功。如果一项决定实现了期待的最终结果，它算是一种胜利。如果没有使用完全一致的方法，成功和胜利都是有回报的。我们都知道，在门捷列夫找到符合事实的模型、提出元素周期表之前，它是如何走过长达 50 年的酝酿和发展阶段的。这个例子在很大程度上说明，把事情做错，或者像弗尔提到的“成功”，是把事情做对或者叫“胜利”的重要组成部分。在一次对詹姆斯·戴森爵士的采访中，这位持续创新的企业家如此阐释了失败的重要意义。

创造力策略：戴森公司的失败

戴森公司以解决问题为己任。我们的技术和站在技术背后的工程师是企业的核心所在。每天早上，我都会走进设计研发实验室，检查大家的创意，讨论如何把技术变得更好。我鼓励失败，因为失败能让我们无拘无束地思考和行动。把事情做错常常是把事情做对的先机。这就是爱迪生式的工作方法，也是我在发明史上第一款无尘袋真空吸尘器时采用的方法，在最终定型之前，我一共做了 5 127 款原型机。

关于失败如何创造成功，一个最好的例子是戴森 Airblade 干手机。我们的工程师当时忙于一个涉及气刀的项目。在研究和制作原型机的过程中，一位工程师发现，高速气流可以吹干手上的水。就这样，戴森 Airblade 干手机的创意诞生了。经过一支由 125 位戴森工程师组成的团队将近三年紧张的研发工作，加上 4 000 万英镑的投入，我们现在拥有一系列 Airblade 干手机，其技术可以解决那些困扰高耗能的、性能低下的传统干手机的各种问题。我们还开发了戴森龙头，人们可以不用离开洗手池，直接完成洗手和干手的一条龙流程。

在戴森公司，失败被看作好事。它是快速学习、发现和理解问题的好方法。从戴森公司诞生起，这种思考方式就一点一滴地注入了每位员工的心里。在戴森，我们信奉往复式思考；每次只做出很小的改变，然后严格地测试，检查问题出现在哪里。这不仅是我们的首部产品 DC01 的理念，也是我们所有产品的哲学。以 360 Eye 智能吸尘机器人为例，2001 年，我们几乎发布了一款机器人吸尘器产品，但是因为技术还没有达到足够先进的程度，我们暂时搁置了这个项目。那款机器人吸尘器用了 70 个传感器和三台微型电脑，所以它又笨重，又低效。从那时起，一支由 200 位戴森工程师组成的团队用了 14 年，耗资 2 亿英镑，终于发明了戴森 360 Eye 吸尘机器人，他们的工作包括价值 2 800 万英镑的最新一代戴森数字马达的成功研发。这个例子说明，戴森公司只有在确保完全正确的情况下才会发布新产品。

戈尔公司是又一家承担可控风险，以此建立和发展业务的私营企业。这一做法在它过去 57 年的历史里从未中断过。戈尔公司有一条称为“吃水线”的试验准则：这家公司相信，冒险就像“在船体上凿洞”，只要保证它凿在吃水线以上就没问题。对于可能把整个企业付诸危险境地的决策，当事的员工需要在采取行动之前咨询其他同事。

成功要素 4

要认可和奖赏好的尝试（成功），带来了新的看法或者调整了项目方向的尝试都是成功，不能仅仅奖励那些带来最终胜利的尝试。

创建一家以创新为己任的企业是一回事，如辛克莱尔和戴森公司；把创新精神在一家企业里传承百年以上是另一回事。接下来看看 3M 公司的例子，这是一家把“创新”二字刻在企业基因里的企业。

青蛙变王子

发现王子之前，你可能要亲吻很多只青蛙。

3M 公司的口号

转败为胜的例子有很多，最辉煌的也许要数 3M 公司。它的原名是明尼苏达矿务及制造业公司（Minnesota Mining and Manufacturing Company）。成立伊始，这家公司购置了一块土地，用于开采金刚砂。他们很快发现这些矿山几乎不含任何金刚砂。这家企业不得不迅速应变，否则就会关门大吉。从那时起，创新的基因在这家公司里一代一代地传承下来，为消费者带来了多项产品，从最初的砂纸刀一直到近代的报事贴。3M 已有百年历史，2014 年的全球销售额为 310 亿美元。它创造了很多改变行业竞争基础的伟大产品，这是双重跨越式发展。从实践上讲，它为 3M 带来极高的营业额，它既是一家极度成功的企业，也是广受全球尊重的公司。3M 是双重跨越竞争优势的典范，它的产品包括黏合剂产品、研磨剂产品、电子及软件产品、光源管理、微复制产品、纳米技术、非织造材料、表面改性等。它们是 3M 公司众多创新中的一部分：

- 20 世纪 20 年代早期，世界首款防水砂纸。
- 思高牌压敏胶带。
- 思高牌封箱透明胶带，数百种实际用途。
- 20 世纪 60 年代，首创干银胶片，一同带来的还有摄影产品、无碳复写纸、高射投影系统，以及快速增长的医疗行业及牙科行业产品等。

- 20 世纪 70—80 年代，3M 的市场快速扩张，进入制药、放射学、能源控制、办公用品等多个行业，足迹几乎遍布全球每个国家。
- 2004 年，销售额首次突破 200 亿美元，其中创新的新产品的贡献尤其显著。该公司最近的创新包括超黏报事贴、思高牌透明布基胶带、用于 LCD 电视的光学薄膜，还有全新的思高系列清洁产品。

韦恩·刘易斯是 3M 公司的研发总监，他为我们指出了这家公司的几点成功要素：

> 我们允许员工拿出工作时间的 15%，放在与 3M 业务无关的项目上。这是公司文化的一部分，它把意料以外的结果看作创新过程的一部分，给予员工时间和空间，开展必要的探索。
>
> 事情往往不会像我们预想的样子发生。你亲吻了一只青蛙之后，发现它依然是只青蛙。然而每只青蛙都会带给你线索，带你走过一段漫漫长路，最终找到王子，也就是突破性的产品或者技术，它的力量之强，足以颠覆一切传统方式。
>
> 3M 员工的另一项特质是合作。如果一位客户找到我们的任何一位员工，提出问题，这位员工会穷尽自己的专长和技能，单枪匹马地解决问题吗？这可说不准。身处拥有各种知识和能力的同事中间，才是解答任何问题的关键所在。

3M 的执行总监克里斯蒂亚娜·格伦回忆说，公司的成功大多来自好的管理准则和做法。3M 公司的威廉·麦克奈特在 1948 年创立了"麦克奈特管理准则"，这些准则到今天依然有效，它对失败和创新人才管理提出了相当不同的看法。

> 富于首创精神的人才至关重要。有的管理方式包含对犯错的破坏性批判，它会扼杀首创性，阻碍企业的持续发展。我们不喜欢"失败"这个说法，我们更喜欢用"汲取经验"来形容它。这不是空洞的"不

是任何人的错”的抱树哲学[①]。它是一种认可，如果事情没有按照预想的样子发生，也许我们学到的只有：不要再做这样的尝试。更有可能的是，你会有所发现，它会带你独辟蹊径，谁都不知道这条路会把我们带到哪里。

微复制是 3M 创新的另一个例子，它是一门把原料敷施到工程表面微观结构或者纹理的科学工艺，具有极为精确的尺寸和构造。微复制技术的一项具体应用是 3M 视觉丽钻石级反光膜。它用一种方角（也叫棱镜）的技术替代玻璃珠，亮度是传统玻璃珠产品的三倍。每平方英尺的钻石级反光膜包含大约 7 000 颗独立的棱柱立方体。即使置于入射光线水平角度，依然能够提高光线的反射。高速公路工程师称之为“最高性能角度”。全性能的角度至关重要，因为上年纪的司机在夜间驾驶时需要更充分的光线；除此之外，卡车的前大灯和小汽车的前大灯不在同一个高度上，也需要最高性能角度来弥补。而角度正是视觉丽系列 980 反光膜的重要特点。这款产品用于标志卡车拖车的轮廓，为高速公路驾驶带来了更高的安全性。它的薄膜能够在几乎水平的角度保持反光性。也就是说，即使在卡车大角度转弯或倒车时，一样可以清楚地看到它。这一点太重要了，要知道，多数卡车事故就是发生在这两种情况下的。

故事开始于 20 世纪 60 年代。3M 计划进军重要的教育市场，以此提升投影机及耗材的销量。微复制技术始于罗杰·阿佩尔多恩，他是 3M 的光学科学家，罗杰开发了一项创新性的塑料菲涅耳透镜，它既轻便又廉价，方便制造，它带来了世界上第一台高射投影仪。这项发明的关键在于塑料中的凹槽和这些凹槽的复制。过去的玻璃透镜很重，生产成本很高，被罗杰的新透镜取而代之。新产品帮助 3M 在高射投影仪及配件市场树立了领先厂商的地位。以此作为出发点，罗杰和他的同事们把注意力放在一个很有趣的现象上，它发生在材料的表面结构发生微小的变化时。这个发现首先带来了光导管，接下来带来了我们今天熟知的、在高速公路上广泛采用的高反光交通标志材料。它还广泛应用于

① 抱树哲学（Tree-hugging Philosophy）[贬义]，抱住大树使其免遭砍伐的做法，本义指环保狂人，这里借指那些掩盖错误、过分保护的做法。——译者注

很多其他的产品领域。

成功要素 5

想要创新，多花些时间做试验。

还有一家公司，它的文化善于接纳失败，它就是维珍集团。这种精神直接源于维珍的创始人理查德·布兰森爵士。在本书的专访中，我了解了这位连续创业者大量的背景情况，维珍旗下 400 多家企业的文化无一例外地脱胎于布兰森的精神。

企业家精神、失败和成功

↘ 宛若维珍①

> 对犯错的畏惧是阻碍创新的最有效手段。
>
> 约翰·克里斯，主旨演讲

理查德·布兰森告诉我，他已经记不清有多少次，人们告诉他，说他的想法根本不会成功。在我获得一个领导力的奖项之后，我从理查德那里得知，我们都是从小受到家长的鼓励，从此不停地尝试，尽管我们尝试的不是同样的也不是重复的事。理查德说：

> 我母亲教导我，不要为过去的遗憾而裹足不前。所以，我不会让生意上的遗憾拖住自己的后腿。我和我的团队从来不允许失误或者失败阻挡前进的脚步。实际上，即使在事情出现问题时，我们依然在探索新机会。

维珍历史上发生过很著名的失败，如维珍可乐和维珍新娘等。维珍可乐发布于 1994 年，布兰森在他的著作《维珍之路》里这样评论：

① “像维珍一样”（Like a virgin），也是美国歌手麦当娜 1984 年一首单曲名字，中文译名为《宛若处女》。作者使用这个标题，有语带双关的用意。——译者注

想在美国推广任何产品，“要么玩儿大的，要么完蛋”——既然如此，我们选择了玩儿大的！……我把一辆古董谢尔曼坦克开上了纽约的百老汇大街，英勇地冲过了一堵用可口可乐和百事可乐罐垒成的巨墙。

理查德·布兰森爵士，《维珍之路》，2014 年

在这件事上，理查德的基本“手法”是“扮猪吃老虎”[①]，然而它并未奏效。可口可乐发动了它庞大的分销机器，确保维珍可乐没有机会出现在商店的货架上，同时展开了全线产品的大规模促销。这让维珍可乐遍体鳞伤，不得不黯然收场。成功的关键秘诀在于一整套方法和原因，想要进入一个全新的行业，简单地移植一种方法（扮猪吃老虎）往往无法奏效。我们会在第 10 章详细讨论这一点：在新环境中实施既有方法，应该通过“创新切换”的方式，而不是简单的、不动脑子的“复制粘贴”。就在我写这本时，维珍推出了一项无与伦比的品牌创新：“性手枪”信用卡。相信用不了多久，我们就能目睹它为一片灰暗的银行业带来怎样一场喧闹的恶战了。我问过理查德·布兰森爵士，他最辉煌的一次失败是什么？从中学到了什么？他是如何让维珍集团接受这些错误和失败的？

多年以来，维珍集团的每个人都没少犯错误，但这算不上什么困扰。如果有人告诉你，他从未犯过错，那他一定在撒谎。我们要拥抱失败，因为只要勇于冒险，就一定会失败。关键要从错误中学习，吃一堑，长一智。我经常用维珍可乐的例子说明这一点。进入一个新市场时，我们通常会为客户带来更好的产品或者服务，以此颠覆原有的市场秩序。但是在维珍可乐的案例中，我们根本没有拿出更好的选择。维珍可乐是个好产品，但是，可口可乐同样很好。而且我们很快发现，竞争对手非常不欢迎我们，他们祭出了所有的法宝，把我们赶出了这

① Playing David to Goliath，出自《圣经》撒母耳记上第 17 章，该典故记载了年轻的大卫挑战并杀死非利士巨人歌利亚的故事，此处意译为扮猪吃老虎。——译者注

块市场。当年英国航空想把维珍大西洋赶出市场，我们之所以能站稳脚跟，是因为我们确确实实为用户提供了不一样的选择，用户愿意和我们站在一起。而维珍可乐的情况完全不同。

我们通过维珍可乐获得了宝贵的教训，发现了一些了不起的人才，他们被留了下来，他们如今在维珍集团的很多关键项目中发挥着作用。有的时候，失败带给我们的东西远远超过成功。

> **成功要素 6**
>
> 永不言弃。这和第 2 章提到的“坚持不懈”关系很密切。如果开始没有成功，要尝试别的办法。

最喜欢单干的企业家也离不开合作技能，因为要把创意变为实际的创新，就必须与其他企业合作。合作是开启大型融资、引入各项资源的钥匙。没有合作，就不可能在创新赛场上高效施展才能。安娜·希尔的故事就是最好的证明，她长期与几家主管航天部门的政府机构合作，如今，合作失败的风险把她的企业推向了生死存亡的危险境地。在我写这本书时，她的企业还挣扎在财政悬崖的边缘。

↘ 迷失太空?

鼓动变革太难了？人类登月也不是轻而易举办到的！

安娜·希尔，Space Synapse 公司首席执行官

Space Synapse 是一家数字空间教育和空间体认游戏企业，它融合了软件创新、创新空间科学、外太空探索科学与模拟技术，拥有丰富的社交关系网络，为用户带来沉浸式在线参与（官方网站 www.earthrider.eu）。这家企业以传播人类空间探索与开发的体验为目标，致力于空间与环境参与的大众化。

这家企业是由安娜·希尔和弗兰克·怀特在 2012 年共同创办的，公司的定位是一站式空间教育商店，供空间爱好者获取数字化空间内容。支持这些内

容的资金中，有 50%来自欧洲航天局。而欧洲航天局的资金是在四年的时间内分期到位的。2014 年，Space Synapse 为欧洲航天局完成了一项商业化研究，公司为此建立了专门团队，在三个月的时间里完成了产品开发阶段。然而，欧洲航天局英国代表团在最后时刻撤回了欧洲航天局的资金。在我写这本书时，Space Synapse 正站在成败的转折点上，这是她们为欧洲航天局辛勤工作十年之后面对的窘境。我问安娜，从推动项目成功完成的角度来看，目前可以吸取的教训是什么？她说：

> 为了和大型组织打交道，企业家需要好的产品牵头人。政府机关的撤资和缓慢的工作节奏造成了巨大的挫折感。我先前的努力，是为了保全理查德·布兰森爵士在这个项目中的利益。我不能不顾全布兰森爵士在维珍大西洋的利益，还有他对空间大众化事业的热情。而现在，我们的商业和金融价值立场必须迅速转向大众，这是“磁极转换”式的大变革，我们要以大众、环境和地球的可持续发展为首要任务。而“群众空间运动”是实现这个转变的最好方式。关于大众和客户在这项事业中能够发挥的力量，真正理解的人不多，理查德爵士就是其中一位。
>
> 在企业家和垄断组织之间取得步调的一致，这一点非常重要。大型组织的工作大多立足于长期计划，而企业家往往向着短期目标小步快跑。这种矛盾可能让双方同时感到挫败。企业家肩上的行政负担很重，需要提交厚重的文件材料，提出方案，最终发现这些方案被束之高阁或者废弃不用。这会给企业家的生计带来极端的风险，并最终危及他们的企业。

在接下来的几年里，我们会目睹 Space Synapse 最终的成败。读者可以在本书的配套网站上找到最新动态。

↘ 我个人的失败经历

几年前，我赞助过一项大胆的摇滚乐环球之旅项目。按照这个项目的计划，我们会带着歌迷走遍全球最伟大的演出场馆，边走边唱。我在这个项目中投入了 55 000 英镑，也是我当时的所有积蓄。这样做的目的，是帮助自己的朋友挽救他的企业。我的投资来得太晚，它带来了些许的临时效果，但对挽救整个局面来说，简直是杯水车薪。为了成人之美，我损失了平生的积蓄，还有六个月的无偿劳动。这个项目错误百出，制造了令人哭笑不得的闹剧。我借用一部好莱坞音乐纪录片的名字，把它称为“真正的摇滚万万岁之旅”。约翰·奥特韦的世界之旅成在创意上，败在执行上。这样的例子在商业世界里屡见不鲜。原因在于，要把好的创意变成现实，仅有绝妙的创意是远远不够的，还需要细致周密的执行技能才行。下面是几处最主要的错误：

- 出于狭隘的自尊心，约翰·奥特韦拒绝了鲍勃·格尔多夫爵士成为合作伙伴的提议，错失了进入全球市场的入场券。
- 约翰的航空“专家”预订的飞机太大，无法从利物浦约翰列侬机场起飞。
- 我们成功预订了悉尼歌剧院和迪拜的卓美亚七星级古堡酒店，用于朋克摇滚的演出。不知道是幸运还是不幸，这两家场地都没有意识到，允许我们演出是多么巨大的公关错误。

约翰·奥特韦没有滚石或者 U2 那么出名，所以需要简单介绍一下，读者也可以在维基百科上找到更多信息。约翰是这样描述自己的：“邪典朋克摇滚歌手和一连串的失败。”他拥有两首金曲，30 年音乐从业经验。这串标签会吸引一位纯正的英国人，而且是一位喜欢古怪失败者的英国人的兴趣，这实在令人惊讶。按照迈尔斯·布里格斯类型指标，约翰属于典型的 INFP 类型。他有可爱的性格，是一位无可救药的浪漫主义者和永无休止的梦想家。约翰不只失败过，他也有“辉煌”的过去：

- 1977 年，宝丽多唱片公司为约翰预付的酬劳是果酱乐队的十倍。因为他在某个电视节目中的一次虚拟亮相，在表演过程中，约翰绊在扩音器上摔倒，伤到了要害部位。
- 约翰有两首金曲，一首是“Cor Baby That’s Really Free”，是他和威德·韦利·巴雷特 1977 年的作品；另一首是 2002 年的“Bunsen Burner”。为

了向约翰的 50 岁生日献礼，他的歌迷大量购买这支歌曲，使它一举冲进了排行榜。

- 为了他的第二首金曲，约翰提前一年预订了伦敦守护神剧院，方便歌迷为自己加油鼓劲。约翰信奉“栽下梧桐树，凤凰自然来”，这个策略从未管用过……

能在淘汰周期按月计算的行业里长时间站稳脚跟，这是约翰·奥特韦最大的强项。所以，他更多地属于创造者，而不是创新者的类型。他有太多的创意抛诸脑后，没有认真地实践过。约翰写过一本自说自话的传记，名为《摇滚史上最伟大的失败者》，把自己的“核心不称职性”发挥得淋漓尽致。他的环球之旅概念可以归结为一道“秘密公式”：

摇滚明星东山再起=找一位过气的摇滚明星+制订一项大手笔的方案+把这个方案落实好

在这里，“大手笔”就是租下一架空中客车飞机，塞满摇滚冒险者，开始一生一次的环球之旅。从利物浦的洞穴酒吧出发，飞向纽约肯尼迪国际机场，在麦迪逊广场花园演出；下一站来到拉斯维加斯的恺撒宫，和以粗俗著称的昙花一现的迪斯科乐队演出《羞羞脸之歌》。接下来穿过国际日期变更线到达塔希提岛，然后是悉尼歌剧院、上海、迪拜的卓美亚七星级古堡酒店，最后一站返回伦敦。

我们还筹备制作一部动漫《摇滚纪实片》，以此向经典致敬，如《摇滚万万岁》《反斗智多星》《金属精神》《福禄双霸天》等。我们只需要 300 位追求刺激的歌迷，就能让这个摇滚之梦成真，成为破纪录的为期两周的梦幻环球之旅。这个项目的预算是 150 万美元，并向投资人做出了双倍回报的承诺。它最终失败收场，连一半的座位都没卖出去。为了更好地起到前车之鉴的作用，我列举了以下几项关键的例子，它们是这个项目的转折点。如果当初的工作完成得好一些，也许能让这个项目朝着有利的方向发展。

情感无能

很显然，把产品卖出去是硬道理。然而，约翰·奥特韦选择了（我们姑且称他为马克）负责销售。马克居然把已经付了全款的客户管丢了。有人可能会说，这多少有些粗心大意！实际不是，准确地选中根本不可能成功的“人才”，这是奥特韦最没用的特长之一！你可能感到奇怪，怎么会有如此匪夷所思的事?

马克是中途加入的，他的前任吉姆是一位职业经理。在约翰无力支付吉姆工钱时，他已经卖出了一半的票。马克接手项目后，一心保护自己的旅行社不受互联网的影响。很明显，他既不懂，也没有兴趣去了解约翰·奥特韦歌迷独有的特点。马克的第一项举措是群发邮件给已经付费的歌迷，提出了33%的涨价（1 000 英镑），而且没有给出任何解释。这导致很多歌迷当即退票，并且倒戈攻击这家旅行社。他的决定是毁灭性的，我们再也没能从这次打击中真正恢复过来，因为歌迷圈子实际上是一个高度团结的小群体：一个人知道了，所有人都知道了。后见之明、百发百中，这里的教训再明白不过：

- 如果一定要对 150 人做出如此重大的变更决定，请使用完全个人化的方式（通电话、面谈等），切忌发电子邮件。发送“尊敬的乘客”之类的邮件是最愚蠢的做法，它会毁掉过去 18 个月辛苦建立的信任纽带。
- 要为变化给出正当的理由，并鼓励人们留下来——留在飞机上，留下来和我们站在一起。

我们雇用了一位失业的鼓手，他对旅游业没有半点经验，但是他和约翰·奥特韦的关系非常要好。“鼓手艾尔”让销售工作大大地改观，甚至把马克搞丢的乘客拉回了一半。但是，马克觉得艾尔的表现让自己显得很拙劣，觉得非常恼火，终于找个借口“炒掉”了能干的艾尔——这位帮他挽回亲手丢失的旅客的人。不幸的是，约翰·奥特韦支持马克的决定，他讨厌冲突，也不喜欢面对不幸的事实。

缺乏管理

马克用（这里姑且称他为西蒙）取代了“鼓手艾尔”，西蒙没有艾尔那样热爱工作。他每天忙于玩儿扑克牌接龙游戏，安装防火墙，玩儿一些“有趣的”小软件。过了很长时间，大家发现西蒙把公司的“IT 高墙”建得非常高，以至于那些支付 4 000 英镑或者 7 000 英镑，预订环球之旅的订单被当作垃圾邮件，隔离在公司的电脑系统以外。影响之糟，不言而喻！

当有客户投诉服务时，西蒙把他们屏蔽在内部聊天室之外，这样可以让多数同事对销售机会的流失毫不知情。同时，西蒙和马克拉近关系，两个人亲如手足，马克为西蒙在项目中表现出的不称职和不作为辩护。结果可想而知，在约翰·奥特韦的默许下，这家企业一路朝向平庸的稳定状态驶去。再次表明，约翰没有强硬的手腕，更无法力挽狂澜地做出艰难的决策。

除了约翰，大家都很清楚，我们早已失去了约翰·奥特韦歌迷的心，没人肯花 4 000 英镑或 7 000 英镑帮他实现梦想了。事情到了这个份儿上，要么彻底放弃，要么改弦更张。有一次，我偶然遇见了鲍勃·格尔多夫爵士，我想尝试引入鲍勃的“让贫穷成为历史”，为我们的环球之旅带来更广泛的关注。即使到了这个时候，约翰还是把这个机会变成了噩梦。读者可以在这本书的配套网站上了解更多的细节。

这次环球之旅最终成了一场光荣的失败，其中出现过很多转折点，都被“巧妙地”绕过了。无论对企业家来说，还是对想成大事的人而言，最大的教训是要找到转折点，顺势而为；决不能哄骗自己，说“奇迹”就在下个街角等着你。它同时也是一直“大胆地发散”，缺少“小心地聚合”的案例。那些项目执行必需的、艰难的决定一个都没有做出来。对我来说，最大的错误是把自己的身心、灵魂、毕生的积蓄交给一位不靠谱的朋友。IBM 的托马斯·沃森说过：“如果你想成功，就把你的失败率提高一倍吧。”我想说，约翰对这句话的理解过于表面化了。愿上帝保佑他的创新之魂。

成功要素 7

缺乏良好的管理，创新只会带来灾难。这一点是与“方向感”紧密相关的，它是支持创新和创造力的众多价值之一，我们在第 3 章讨论过这一点。

成功的七个要素

要　素	描　述
1．遵守埃弗里特·罗杰斯的准则	确保你的创新具备相对优势、兼容性、简单性、可试用性和可观测性
2．现状核查	创业永远不要脱离实际。脑力型企业尤其需要运用逻辑，定期地交叉检验自己是否脚踏实地，还要在发现问题时勇于按下“停止”按钮
3．超越目标本身	有些时候，你追求的结果并不是最后的终点。要对未知的情况保持开放的心态
4．奖赏成功和胜利	认可和奖励那些良好的、带来新认识或者改变了项目方向的尝试
5．修补时间	想要创新，就要肯花时间用来做试验
6．永不言弃	如果事情没有按照预想的样子发展，要有毅力坚持下去，还要灵活应变。失败不应该成为约翰·奥特韦式的“重复性劳损”
7．管理创造力	失去方向感的创造力等于灾难

第 2 部分

创新、创造力和企业

第 6 章

创新和企业发展

我们所知的世界末日

IBM 的纽约证交所调查覆盖全球 60 个国家、33 个行业的 1 500 位首席执行官。这份调查显示，创造力不仅关乎刚性的管理原则、诚实正直，甚至不只关乎在如此日益复杂的世界里成功地把握方向的眼界。不仅如此，只有不到 50%的 CEO 认为，他们的企业做好了充足的准备，足以驾驭 VUCA 环境。该项研究进一步称：

- 顶级业绩的企业比其他企业做出快速决策的可能性高出 54%。这些企业的 CEO 称，他们的企业变得越来越具有适应性和灵敏性。
- 在业绩最好的企业中，有 95%的企业把与客户打交道看作将来五年最重要的战略方针。

克莱顿·克里斯坦森博士（2013 年）讨论了颠覆性创新的必要性。他警告我们，要把料想以外的区域看作竞争力的新源泉，要从市场的底层出发。他用小型钢铁厂的例子说明了自己的论点。这些小钢厂从市场的底层起家，只有区区 7%的利润可图。相比之下，那些主导市场的大企业的利润高达 20%。大钢厂普遍忽略了这些小钢厂，在无人留意的情况下，它们得以进入上一级市场，利润也攀升到了 12%。如今的钢材市场，大多数原来的大企业已经破产，主宰市场的正是那些曾经毫不起眼的小钢厂。这个例子正好说明了迈克尔·波特教授著名的“五力”模型中的新进者和替代品。克里斯坦森博士指出，如果你来自一个市场的底层，那么市场的领导者通常会对你不予理会，他们会收缩到市场的更高端部分。丰田汽车公司就是一个例子。20 世纪 60 年代，丰田从小型车起家，根本没有引起当时主要厂商的注意。发展到今天，丰田已经可以和昔日的巨头通用汽车分庭抗礼了。理查德·布兰森爵士最初涉足航空业时，一样没有引起英国航空公司的注意。直到他强大到挑战英国航空的国家垄断地位时，英国航空才开始觉察，可是当时维珍航空早已在市场上站稳了脚跟。

查尔斯·汉迪在他的《非理性的时代》(1989 年) 一书中指出，非连续性的变革需要非连续性的、本末倒置的思考模式来应对，这要比克里斯坦森博士提出的颠覆性创新理论早得多。汉迪的观点是，非连续性需要我们重新思考社会的行事方式，重新思考在现有知识和社会长者责任之上逐步积累的方法。他提出质疑，这种方法是否应该继续下去？是否这些规则就是足够的？这就意味着颠覆性和反叛性的探索和实验。革新在解放社会的同时，也在刺激企业。汉迪把哥白尼、伽利略和耶稣基督称为非连续性本末倒置思想的早期主要倡导者，而弗洛伊德、马克思和爱因斯坦是近代的代表。此外，还有 20 世纪 50 年代的摇滚乐革命，后来在 60 年代演变为流行音乐，这或多或少带来了容易听懂的爵士乐的衰落，随之而来的是电子扬声器的广泛使用。所以，创新会颠覆市场，颠覆社会的面貌。我们先来讨论创新的展现方式。

创新的意义

“创新”一词被整个人类社会用作“新”的近义词，这是对创新价值的贬低。一字之差，谬以千里。我们先从创新的定义说起，这对后面的探讨很有帮助。

战略性。包括建立或革新一个品牌，开发企业的实际能力或者独特定位，重组企业等，以此使企业保持竞争优势。汽车协会是个很好的例子，它重新定位自己，为英国人民提供“第四项应急服务”[①]。这为该协会的业务带来了 250 万名新客户（将近 20%）。这个改变市场定位的创意来自一位普通员工。这说明战略性思考可以来自一个组织的任何部分。稍后我们会看到纯真饮料的例子，它也是品牌创新的绝佳例证。

产品/服务。充分发挥新创意的功效，为市场提供具有价值的商品，或者重新配置现有产品或服务，使之更加符合市场需求。关于产品创新，最经典的案例包括 3M 公司的报事贴（1977 年）、纸莎草（公元前 4000 年）、芬达吉他（1954 年）、模拟计算机（公元前 150 年）、圆珠笔（1950 年）、胸罩（15 世纪）、算盘（公元前 500 年）、麦金托什电脑（1984 年）等。在本章的后半部分，我们会研究大都会银行的案例，作为疲惫的传统行业服务创新的杰出例证。

流程。基本上，它是完成旧工作的新方法。它常常与一家企业内部管理的渐变或者剧变有关。通过精益项目和近似精益的项目，流程通常是可见的。其他例子包括缩短企业与客户之间的距离或者减少中间步骤等。在这个繁忙纷乱的世界里，更短和更智能的流程可能为你的企业带来持续不断的竞争优势。思考一下，亚马逊是如何通过一句承诺捕获全世界注意力的——“一键购物”。同时，这是一个需要公共服务领域吸取的教训，因为在这些领域里，互联网已经日渐拉大了公众和公共服务提供者之间的距离，主要由于纸质文件为基础的系统向电脑为基础的系统的转变，而后者缺少对真正需求的基本检查工作。很多时候，额外的制约与平衡才是公众真正需要的。很明显，公共服务急需数学方面的创新，尤其要做减法和除法。

另一种看待创新的方式是使用第 4 章讨论过的集中反转技巧。从终点往前看，检视创新的衡量方式。我们生活的时代里，很多事物都是可以量化的。所以，衡量所有可以被衡量的事物看起来几乎是不可抗拒的。然而，如果因此认为那些无法轻易衡量的事物对事业的长期未来毫无用处，这将是一个根本性的错误。关于这一点，可以借用美国前国防部部长罗伯特·麦克纳马拉的“麦克纳马拉谬误”给出很好的证明。

---

① 指汽车救援服务，即紧急医护、火警和匪警之后的第四项应急服务。——译者注

第一步是测量容易测量的，目前为止还好。第二步是无视那些不容易测量的，或者赋予一个定量的值，这是人为且有误导嫌疑的。第三步是假定那些不容易测量的都不重要，这是盲目。第四步是宣称没有不容易测量的，这是自杀。

选择正确的测量手段也是至关重要的。20 世纪 90 年代，为了把新药推入市场，制药企业纷纷陷入对新药开发速度的狂躁执着当中，这种情况造成了对业务流程工程项目的不恰当的使用。实际上反而延长了上市时间，还提高了相关成本，降低了新药发布的数量，典型的欲速则不达。尽管从总体上说，完全依赖测量作为一种工具是不现实也不明智的，但是，把它真正发挥好也是至关重要的。出于这一考虑，下面列举一些测量方法。它们也许对企业的创新有所帮助，也许可以刺激你的神经，促进你的思考，想想什么才是最适合实际情况的好方法：

- 每年增加可持续新产品/服务创新的数量。
- 进入更多可以销售已有产品/服务的新市场。
- 每年增加注册专利的数量。
- 提高员工建议比率：每年的营利性创新。
- 提高客户在产品概念和设计过程中的参与度。
- 提高创新管道价值。
- 创新支出的投资回报率。
- 缩短从创意到实施的平均时长。
- 提高客户目标指数（减少不是出于自愿购买或者真实需要的客户数量）。
- 提高客户响应度指数（减少对所购买或者使用的产品和服务漠不关心客户的数量）。
- 提高客户支持指数（把喜欢提消极意见的人转变为积极的拥护者）。

拿出时间思考一下，以上各项中，哪些对业务有最直接的帮助；哪些需要稍做改动，为你所用；想让企业充满活力，至关重要的要素是什么；它们是如何相互融合或者如何相互矛盾的。彼得·德鲁克简洁明快地指出：“只有能被测量的，才能被管理。”

成功创新的必要条件

成功的创新至少具备以下必要条件。

从根本上需要或者渴望你的产品/服务的市场

长久以来，市场经营者以为自己能把产品强加给市场。他们说得太多，连自己都相信了，反而忽略了那些琐碎的、令人气馁的“产品推销”统计数据。同时，很明显的一点：被动地等待需求自动出现，再针对需求提供产品。这种做法没有任何竞争优势可言，除非你能比所有的竞争对手更快地上市。而这正是困难所在。英国社会学家罗伊·罗斯维尔如此描述前后几代的创新过程。

等　级	示　例
1．产品推销	气垫船、激光
2．市场拉动	安全剃须刀片、安全带、数码相机
3．配对模式——研发和市场营销	索尼随身听、电灯泡
4．整合模式——横跨供应商链条和关键客户链条	路虎发现者、丰田普锐斯
5．组网模式——整体业务参与到客户链中	波音 777、壳牌创意孵化器计划、三星开放创新中心

产品推销（等级 1）的一个主要问题是，客户不知道他们需要你想卖给他们的产品。所以，市场调研的使命，就是把人们真正看中或者愿意为之付钱的要素提取出来。市场调研通常不是一项纯粹的学术活动，它可以承担一项次要使命，就是对潜在用户提供关于产品和服务的基本培养和教育，实实在在地把客户从“约哈里窗”中的“盲区”带入“显为光明”。总体来说，市场拉动（等级 2）更成功，因为它是从需求或者渴望出发的。配对模式（等级 3）指的是把社会需求和新技术、新产品或者新服务结合起来。意在把产品推销和市场拉动的效用发挥到最大。而整合模式（等级 4）把一种前后有序的流程变成数个阶段平行推进的方式，通过缩短上市时间获得竞争优势。在实际工作中，这个

模式可能要求研发的同时开展营销和生产活动。需要注意的一点，整合的核心关注点在于等级 4 的内部流程。组网模式（等级 5）横跨价值链来整合各项活动，有时也被称为开放式创新。有的企业会在创新流程中吸纳整个价值链的参与，包括客户在内。联合利华就是其中的典范。众包和众筹实际上就是等级 5 方法的延伸，它们利用社交媒体的力量，为拥有共同兴趣和热情的人们创建“蜂巢”。互联网拥有一种力量，可以把完全不相干的个体利益“长尾”联合在一起，通过别处无法想象的方式把它们组合在一处。读者可以从本书的配套网站上找到众筹策略的很多例子，它们发挥的正是互联网连接长尾利益群体的作用。

形式和功能的融合

伟大的设计从不单纯为了风格而风格，它会把形式和功能融合在一起。芬达吉他就是一个杰出的例子，我们很快谈到它。

脑力与体力的结合

即便在脑力型企业，也会经常见到产品或者服务的实物表现。所以，脑力必须与体力相结合，恰当地做到智力和实用型人才之间的平衡。也就是说，想让创新走下绘图板，走进高层决策者的会议室，必须依赖健康的、思想和行动之间的平衡，也就是思行合一。很多依托大学的初创企业都会失败，常见的原因恰恰是无法把思考和行动匹配起来，或者因为过度思考（没有行动）。所以，学术圈通常走不出伟大的企业家或者商人，这话反过来说也成立。成功的领导者要保证思考者和行动者之间的适宜比例，并且保证二者相互结合、合二为一。

原谅失败

我们在第 5 章讨论过失败的话题。最基本的要求是：要着眼长期目标，要接受早期的尝试通常会失败这一情况。创新咨询公司 Ideo 的大卫·凯利说得好：“早早失败，快快成功。”

像变色龙一样组织企业

创新需要灵活的组织结构，保证人才、资金、信息和时间在合适的时间流向合适的方向。虽然世界上不存在完美的组织结构，但是可以肯定地说，糟糕的组织结构一定会阻碍甚至扼杀创新。我们会在第 8 章仔细研究各种组织结构的困境。

创造力策略：芬达的形式与功能

真正的设计追求形式与功能的完美融合，突出其产品/服务的特色，带来真实的、客户可以感知到的利益。设计的过程通常会产生大量的冗余。举例来说，早期电吉他的一项主要缺陷是琴颈会扭曲变形，引起演奏时的走调。对当时的主流吉他厂商来说，他们奉为圭臬的典范是，吉他必须是用木头做的，只有木吉他才能产生完美的音调和共鸣。尽管 Electro、National 和 Dobro 等厂家早在 20 世纪 30 年代已经证明，其他材料也是可行的，但这根本无法改变当时的陈规。利奥·芬达挑战了这个铁律，他设计了一款由两个独立部分组成的木吉他（琴颈和琴体是分开的），用四颗木螺丝把琴颈和吉他固定在一起。这种不可思议的做法挑战了当时近乎宗教信仰的观点，即吉他只能由工匠使用木材打造的观点。

按照芬达的两件式设计，如果琴颈走形，可以简单方便地拿掉它，换上新琴颈。同时，他还发明了附在整个琴颈上的可调节的“调节杆”。这个设计有效地为琴颈提供了钢质加固，在琴颈扭曲时为之施加拉力。有了调节杆，甚至很少需要更换琴颈，外设式琴颈也就很少需要了。尽管如此，芬达琴颈还是在接下来的很多年里成了统领市场的主导产品。芬达还在他的设计里加入了很多创新要素，如波状外形的琴身，它不仅可以带来未来感十足的外形，还能够带来完美的平衡感，也更容易弹出高音。这正是功能和形式的完美结合。

再后来，芬达又加入了五档音色开关和颤音摇杆，为吉他带来了富有特色的“拨弦”声，这一特色得到了众多乐团的追捧，如影子乐队等。如果没有这些创新，可能根本不会产生“冲浪音乐”。吉米·亨德里克斯把吉他演奏带入全新的高度，用的正是芬达 Stratocaster 吉他。

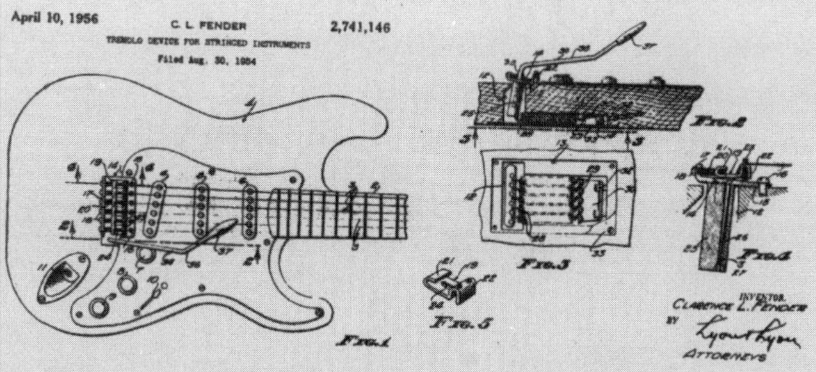

非常重要的一点，芬达做出这些创新之前，根本没有做过大规模市场调研，也没有设立焦点小组或者类似的安排。这就说明，我们不可能永远依赖市场调研了解未知的需求。60 年以来的实践证明，芬达的设计是正确的，它是一种出于直觉的正确。

尽管吉他的设计和制作加入了各种渐进式调整（如新材料、电子器件的改进等），但是，利奥·芬达为吉他带来的根本性的创新几乎没有受到任何挑战。芬达公司的唐·兰德尔和鲍勃·波莱恩是杰出的市场营销创新者。在极度竞争的时代背景下，二位在品牌方面的工作为芬达 Stratocaster 吉他的创新赋予了可持续性。

芬达公司会自发通过多种方式组织创新活动。我采访了芬达公司产品开发部副经理贾斯汀·诺维尔，他为我们提供了更多信息：

创意可能来自任何地方。为了让整体业务相关的各种创意畅通无阻，我们建立了一项全公司范围的开放政策——任何人都可以带上自己的想法，直接找到产品设计团队、首席执行官或者其他人。我们还与车间以及研发团队保持工作步调的高度一致，这样可以保证所有人能够定期沟通自己的创意和概念。我们为研发团队和特定的员工规划了“开放研究”时段，这是 100% 专用于前瞻性研究的时间。艺术家的分享至关重要，早在芬达先生刚刚开始设计时，就把艺术家的意见放在很高的位置。我们向职业音乐人请教，取得前后关联的意见，解决他们提出的问题，或者做出他们想要的声音。说到底，就是加强音乐家的创造力工具，为他们的创造过程提供助力。

芬达公司还通过人力资源政策鼓励创新：

工作目标的设定，很大一部分是围绕创新展开的，它既包括商业实践方面，也包括生产或者产品设计方面。我们通过定期颁发奖励的形式，认可其努力，鼓励其贡献。我们大力宣传利奥·芬达的文化基因，还有他永不疲倦的前瞻精神、颠覆性的职业道德、特立独行的精神等。它渗透进公司的每一寸肌体当中。

芬达公司一直在创新。贾斯汀指出：

不是每项创意都能走进市场，但这并不能阻碍我们不断地试验每一个想法。历数芬达公司过去几年的成功创新，包括数字模拟吉他，它可以通过调整开关来改变声音和音调；一款可以连接 iOS 设备的吉他、MIDI、兼容 USB 的乐器等。我们一直寻求各种方式，把吉他和人们常用的新设备无缝连接起来，成为更有用的工具。我们制造吉他的方法是传统的，我们会一直保持这一传统，但是，我们将始终站在技术的最高点上，跟随吉他演奏的演进而不断演进。十年之前，谁能想到可以通过平板电脑上的放大器 App 来演奏吉他呢？

设计是一个往复的过程，小小的一个改动，可以为产品或者服务的整体功能带来出人意料的影响。

对最终的使用而言，很多设计功能都是多余的。想想最常见的洗衣机吧，它有多少个功能，其中哪些功能是我们根本不用的。由此可见，致力于创新的人必须做好精神准备，放弃那些对产品的总体目标和实用价值毫无贡献的方面。实际上，这是很难做到的，因为发明者对自己的发明视同己出，有着非比寻常的热情。尽管发明者必需的一项品质是对客户需求和渴望不带感情的洞悉，但这说起来容易做起来很难。想让自己的创意在公司内部获得接受，不带感情的客观认识是一项必备的价值。芬达公司的经验可以总结如下：

- 伟大的创意是形式和功能的统一。
- 市场调研并不能永远告诉我们产品创新的一切。芬达公司一对一地与分销商、销售员和音乐家做过大量调研，但它并没有把市场调研当作须臾不可缺少的拐杖。

- 想确保创新进入市场，单凭设计是远远不够的，还要为自己的产品做出绝佳的市场营销工作。

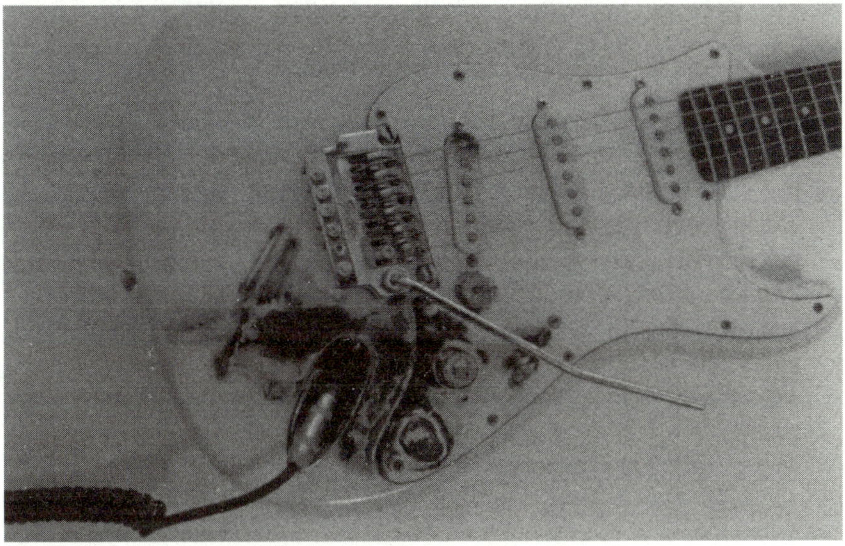

芬达 Stratocaster 吉他，坚不可摧的创新

创造力策略：戴森的多元文化

商业文化必须积极接受和利用差异性。它不是清点各类型人员的定额，不只是思考方式的多样性，更不能为了多样性而多样性。詹姆斯·戴森对多样性商业案例的总结非常到位：

戴森公司的所有部门拥有一个共同的目标：渴望把事情做得更好。它指的不是修修补补，也不是简单的改动，而是使用颠覆性技术改变整个行业的面貌。的确，戴森的团队包括各种想象得到的技能组合，从微生物学家到火箭工程师再到声学专家，无所不包。但是，正因为他们有着共同的目标，才让我们的企业如此与众不同。最好的例子就是戴森 360Eye（智能吸尘机器人）。它采用物联网的概念，融合软硬件于一身，经过全公司数百位同人十年的研发工作方告完成。这款产品之所以成功，是因为制造它的人看到了相同的问题，愿意从各自立场出发，团结协作，创造彻底的解决方案。

战略一致

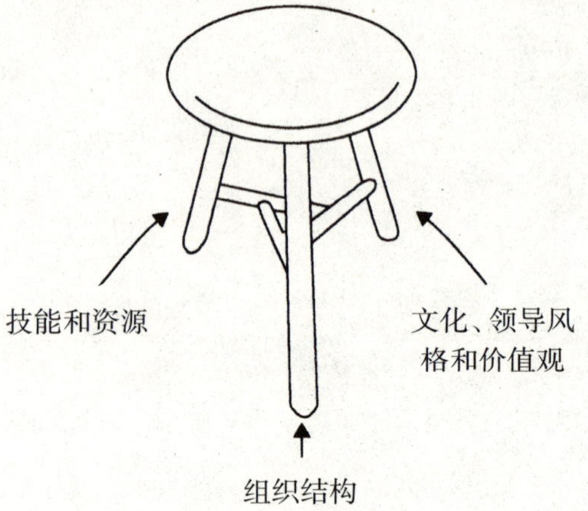

平衡的问题

想让创新和创造力发展壮大，企业必须做到文化、领导风格、价值观、组织结构以及技能和资源之间的平衡。这好比一个三条腿的凳子，想要保持平衡，哪条腿都少不了。想要创新战略得到充分支持，道理是一样的。任何一项要素（凳子腿）的改变，都需要其他要素相应的改变来平衡。关于这一点，戴森是个很好的例子。新员工入职时会收到戴森的真空吸尘器，可以带回家使用。把新员工变成用户，可以一直提醒他们，自己的薪水来自何处，让员工站到创新工作的最前端。我们从未把工程和设计看作单独的科目。设计人员和工程师一样可以参与测试工作，就像工程师和设计人员可以贡献等量的概念创意一样。戴森的很多雇员是从大学直接招聘的，因为大学生的头脑是开放的，容易接受新的想法和工作方法。这也许来自詹姆斯·戴森自身的经历，他是伦敦帝国理工学院的毕业生。

也许更有争议的一个例子是瑞安航空公司。即便它的创始人迈克尔·奥莱利有意远离MBA式思考和策略，它同样拥有一套完整的、开发低成本创新产品和流程策略的方法。这一点是我在几年前发现的。不仅如此，它的外部品牌与内部流程保持着完全的一致性。瑞安航空为乘客提供的只有低成本航空服务，别无他物。这样的做法既赢得了支持者，又招来了憎恶者。而奥莱利从来没把憎恶者当作自己的目标客户。这家公司以“名实相符、表里如一”为指针，并把这一精神贯彻到企业内部的每个细节。他们只有一种机型，而且座位不能向后调节。这主要因为向后调节的座椅容易损坏，而座椅损坏是造成故障停机的主要原因。对于廉价航空公司来说，停机是无法承受的。也许有人会说，瑞安的人力资源策略是建立在合规基础之上的，而不是建立在承诺之上的。但是，事实上存在着一种细分市场，这部分人想要在自己与雇主之间存在重要联系的地方找到自己的工作。无论你是喜欢他还是厌恶他，迈克尔·奥莱利在商业策略理论和实际事务之间建立了严谨的联系。他应该为自己颁发荣誉MBA学位（这里的MBA指的是“更加顽固的态度”，More Bullish Attitude）。

即便戴森和奥莱利的价值基础完全不同，但是他们都在自己的“三足板凳”中展现了良好的平衡感。

创造力策略：大都会银行的产品和服务创新

大都会银行把服务创新当作差异化的主要落脚点，成功地在英国市场开辟了属于自己的小众市场，并在英国银行业客户满意度中荣膺榜首（93%）。短短三年之内，这家银行的员工数量从325位增加到1 800位。我和大都会银行的首席人才官丹尼·哈默谈到了这家银行的快速增长和人才政策对它的贡献。大都会银行以客户为成功的核心要素，认为对客户的服务永无止境。这一点在他们的产品和服务创新中表现得非常明显。

- 该银行开立账户的时间是普通银行的1/3。
- 大都会银行每周七天营业，欢迎客户带着宠物进入大都会任何一家营业网点。这种策略在家有宠物的人群中引发了畸高的喜爱率。它传递的文化信息是：“我们喜爱自己的客户，所以我们爱屋及乌地喜欢客户的宠物。”

- 在客户和银行之间距离渐行渐远的时代，大都会银行近乎偏执地简化自身的银行业务，堪称银行服务业的颠覆者。

支持头脑、心灵和灵魂

大都会银行的总体原则是直接聘用人才，而不是自己培养人才。

与其花力气培训员工如何微笑，为什么不直接聘用那些喜欢微笑的人，并且好好对待他们呢？我们的用人标准是态度，培训仅限于技能的培养。我们还要求人们在工作中做完整真实的自己。我们的思考方式更像零售商，不大像银行。

大都会的格言是，复杂性是为极少数人存在的，简单性才是大众所爱的。我们和其他的组织不同，不存在雇主品牌和客户品牌之分，二者本来就不应该有任何差别。

无论候选人能否进入这家银行，大都会希望招聘流程本身能够带来拥趸。员工入职仪式的重点，是强烈地突出新员工能为企业带来什么。培训是在企业内部完成的。所有的职业被放入三套“谱系”中，即客户、领导、专家。这家企业帮助员工在这些“攀爬架”之间往复移动，而不是把注意力放在“蛇梯棋”[①]上。有趣的是，大都会银行的人才管理没有采用九宫格工具，相反地，他们更偏好人才族谱的形式，为员工提供灵活的、更兼容并蓄的职业机会“攀爬架”，而不是自古华山一条路的职业发展“梯子”。

九宫格关注的员工仅限于最顶端的5%，这带来的最大的问题是，顶端的5%会等待好事发生在自己身上，剩下的95%则会选择离开。

简单性是一种会传染的热情。通常的年度员工调查有100个问题，而大都会只有13个。这家银行还为五花八门的新奇创意提供支持，并且要求员工在否定任何一个想法之前，必须先与同事核对。

也就是说，说“好”，一个人就够了；说“不行”，至少要两个人。

① 蛇梯棋（Snakes and Ladders），掷赛游戏，以骰子随机决定游戏者棋子的前进的步数，梯子可以加速，蛇会导致后退，首先抵达终点者胜利。——译者注

大都会银行的创新

大都会银行在内部社交网络（Yammer）通过“突增”的形式实现知识的取长补短（例如，在你需要关于一个新想法的答案或者看法时）。所有的社交媒体都会显示每项主题的反馈“等级”，而大都会银行没有理会这些等级，更没有为之建立策略或者规则。那些没能获得足够关注的想法会自然枯萎。这种紧迫和自下而上的方法为大都会银行带来了员工的全面参与。这比组织的生物学譬喻还要更近一步，它更像白蚁群体合作案例的延伸，我们会在第 8 章中详细探讨。

学习型文化

大都会银行热爱从客户的不满中学习。这个再简单不过的策略正是大都会银行独树一帜的秘诀所在。能做到这一点，全凭该银行的一种信念，相信客户不会胡乱投诉。一个实际创新的例子是，如果客户丢失了信用卡，银行会暂时冻结卡片。作为对比，其他银行的做法是，立即取消这些卡片，接下来，客户不得不等上一个礼拜，才能拿到新卡。大都会银行之所以能够做到这一点，是因为它的应用开发人员丢过其他银行的卡片，亲身体会过其中的不便和时间的浪费。所以，在他们思考如何提高本职工作时，想到了这一点。

大都会银行重视失败，把失败看作学习的良机。这家银行早期发生过一次失误，它为客户提供过免费的全球银行业务。它带来了一系列意料之外的客户行为，有些客户甘冒道德风险，只有到境外旅行时才会刷卡。这让大都会银行损失了一大笔外汇交易手续费。之后，大都会银行继续在欧洲境内提供免费服务，并且承诺在欧洲之外的地区提供最低的收费标准。

● 刻意的训练——设计你的脑力型企业

运用前面讨论过的七个要点，以及来自戴森、瑞安航空、芬达吉他还有大都会银行的小案例，为自己的企业设计一项明确性和一致性更高的创新战略：

文化、领导风格和价值观——“我们这里的做事方式”。

组织结构——它既包括正式的组织结构，也包括非正式结构（如企业内外部的网络等）。

技能和资源——运用知识、薪资和创新氛围，吸引、培养并留住创造型人才。

繁荣的创新姿态

身处颠覆性环境，必须把创新战略同计划和响应能力的优势结合起来。战略或许可以从一项计划或者一种姿态做起，但它同时需要适应环境的各种变化。这不必每周去做，因为我们谈论的是战略，而不是一时的流行风尚。然而，至少要保证足够的响应度，持续地关注并快人一步地抓住随时可能出现的环境趋势。建立一项创新姿态的过程，就是找到独特定位，带来可持续的竞争优势的过程。要为我们的创新能力和容量做加法、做乘法，要做出难以复制的产品和服务，就要发挥合并式创新概念和数学创新能力的重要作用。一定的个人创新姿态也是可能的。

首先进入市场。流行的观点认为，首先进入市场是最好的方式。它同时也是最昂贵的、最具风险的。当然，如果做得足够好，它也是潜在回报最高的方式。索尼公司的随身听和直线保险公司都是这一策略最好的应用实例。用好这个策略的前提是打造好品牌，突破市场进入障碍，发现和占领整个市场。

快速跟进者。快速跟进者从首先进入者的错误中获利。首先进入市场的企业未必能够立即站稳脚跟，所以，快速跟进者可以享受较低的开发成本，并从中获益。直线保险公司想进入英国廉价保险市场，它面临的最大困难是它本身的低价策略，这个策略让他们别无选择，只能跟随一开始的强势开端。而且相对来说，它的战略几乎没有任何进入壁垒。

我也是。“我也是”类型的企业修改先前进入者的设计，配以更低的价格，以低于主流企业的价格取胜。为了做到这一点，这些企业必须在生产和服务交付的过程中实现经济性。实际上，这属于一种“复制粘贴”的运营方式，这种方式几乎无法带来市场的主导地位。一系列廉价航空运营商，如维兹航空、弗莱比航空、德国之翼等，都没有达到和瑞安航空一样的品牌认知度。凭借品牌建设工作，瑞安航空在航空市场维系了细分市场的统治地位，也就是价格敏感度最高的航空细分市场。瑞安航空的每位雇员服务将近 1 万位乘客，而英国航空的数字只有 700 位。

小众市场企业。这些企业的目标是提供定制化的产品，满足特定客户群体的特殊需求，吸引他们离开成熟市场上的主流服务。通过以客户为中心的服务和产品服务的定制化，这些企业可以凭借创新取得相当程度的成功。

除了姿态问题，还需要考虑创新的采用问题。埃弗里特 · 罗杰斯等人基于常态分布曲线提出了一种创新采用模型，通过这个模型的新产品和新服务能够顺利地在市场上传播。产品的第一批接受者被称为创新者，大约占市场容量的 2.5%。第二批接受者被称为早期接受者，随后是早期多数用户（34.5%）和后期多数用户（34.5%），最后一批被称为落后者。传统思维告诉我们，我们可以通过接触创新者来影响早期接受者以及后面的群体。而颠覆性思维告诉我们的是，这样做可能浪费大量的时间而徒劳无功，无法通过创新者来突破早期接受者，因为创新者倾向于形成更高的影响力，去影响早期多数用户。影响创新传播和速度的另一个因素是对落后者的积极使用，驱动后期多数用户。落后者这个字眼包含这样的暗示：这部分人可能永远都不会接受一项创新。另一种看法认为，他们有很好的理由不接受新产品或者新服务，如果给这些人恰当的证据或者体验，消除他们的抵触心理，也许能把落后者转变为支持者，而支持者会帮助我们说服后期多数用户。为了提高传播的可能性和速度，创新者也许可以从接受曲线的两端同时推动。

从传播的生物学意义上讲，想要创新真正地扩散开来，还需要思考另一个概念：浓度梯度。也许你在想，能不能制作一个“拉杆”，把创新从一个群体传播到另一个群体？如何把各个“细分市场”混合起来，通过浓度梯度效应实现更高水平的传播？詹姆斯 · 戴森把自己发明的真空吸尘器变成鸡尾酒会上的话题，通过社交网络让自己的想法“病毒式”传播。说明他在直觉上理解了这一点。

打通创新管道

在第 2 章里，我们研究了个人创造力的各种障碍，以及数学创新能力的概念。它对企业和创新也是大有裨益的。有的情况下，它能够对创新障碍做减法甚至除法，而不是为原本复杂的混合体加入更多的问题。有人把创新过程简化为输入输出过程。可以简单地把这个想法描绘成一条线性管道（也许会计大姐的创新梦想就长这个样子）。在流程控制到位的情况下，在这条管道的一端，输入的是创意、人才和资金，从管道另一端输出的是产品、利润和可持续发展。企业类型不同，其输入和输出会大不相同；营利或者非营利组织的情况也大相径庭。

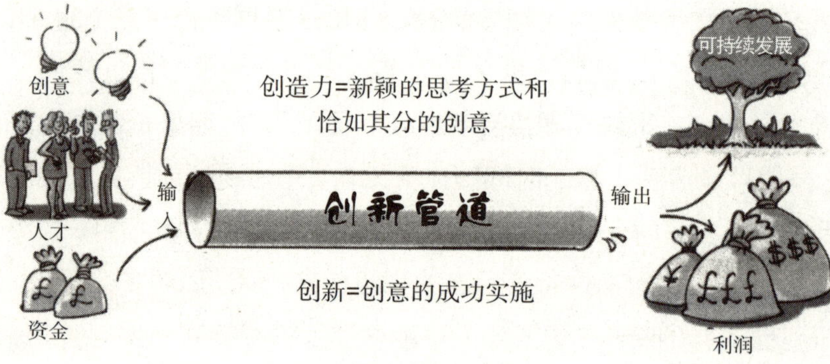

不同的行业通过管道的时间完全不同（例如，对于软件应用行业而言，其过程需要个把月，但是，对于航天行业来说，它可能是几十年）。管道“长度”的缩短，或者完成创新转化的创意数量的提升，都会带来经济效益。对于非营利性组织来说，可以用更适合的绩效指标代替市场份额的提升或者投资回报的提高，如贡献或者战略定位的加强等。这对创新的“会计学”观点很有吸引力，因为它很简单。但是现实往往没那么简单。创新是一种模拟过程，而不是数字过程；对这个管道的更恰当的表述应该是更加变形的，甚至可能是扭曲的。我们的示意图表现的是一种工程式譬喻，然而从性质上说，现实也许是更加生物性的，就像肠道一样。

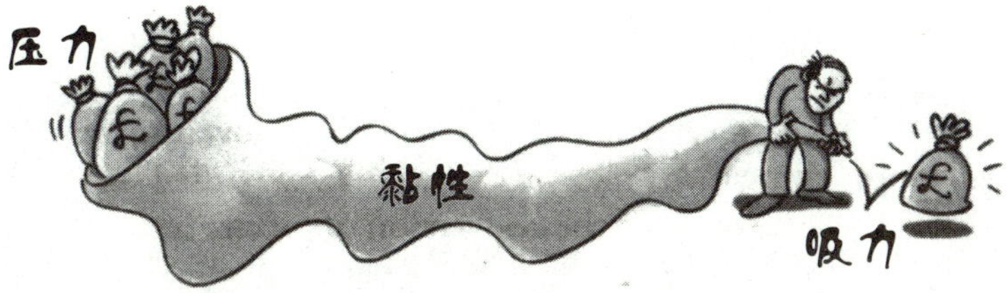

在“创新的肠道”中，可变宽度代表着资源的变度：人力的、资金的、技术的，以及基于信息的等。它的形状代表着企业的组织结构。其内容的“黏性”代表着文化，也就是它的适应性如何、应变性如何等。压力和吸力是领导力的功能和对创新的市场需求情况。正如我们之前谈到的，拉动力或者叫“吸力”，比推动力或者叫“吹力”更有效。当然，可以有更具复杂性的深入层次，我们将在后面的章节深入讨论。

借助扩展隐喻手段，可以通过以下方式提高创新的效果和效率。

增加压力。这是领导者应负的职责，我们已在第 3 章里讨论过了。此处提到的压力，指的是营造一种紧迫感，而不是彻底的慌乱（如创新压力和彻底瘫痪之间的区别）。我们将在第 10 章谈到这一点。

提高吸力。这是市场团队应该发挥的功能，可以通过支持更快速创新的系统来实现和加强（如创新奖励、拨款支持内部创业人员等）。

改善流动性。降低内容的黏性，或者拓宽管道，即可提高流动性。这是通过改变文化和氛围带来的效果。我们会在第 7 章和第 9 章里详细讨论。

改变组织结构。建立快速通道，借助实验型组织结构绕过限制条件，带来更快的结果。利用开放式创新，可以提高管道的孔隙度。我们会在第 8 章进一步探讨这些选项。

改善资源的可用性。减小阻碍，使用更好的计划流程，如项目管理和“一起来吧”式的创新流程等。我们会在第 9 章探讨能力和容量的问题。

宝洁公司试图通过一系列改革来提高创意比例，打通创新管道：创新，在 21 世纪前十年的早期，其比例应该达到 15：100。在这些改革中，宝洁公司引入了结构的改造——更小型化、更专门的项目团队，专注于具体项目；培养创造性领导力，通过完全的领导力开发项目提高领导能力；鼓励颠覆行为和内部创业，增强吸力。我们将在第 10 章讨论诺基亚的案例，进一步了解横向结构化合作和文化“黏性”的稀释问题。

思考

创新可以是战略性的，也可以是基于产品或者服务的，或者是过程驱动的。无论哪种情况，其目标是树立独特的、难以复制的态势，为企业带来可持续发展的竞争优势。组合式创新可以孕育独特性。

领导者应极力促使优秀创意向可执行的、可持续发展的创新转化。创新管道可以帮助我们对不同的要素形成战略性的、有凝聚力的看法，对要素之间的互动得出合理的认识。

脑力型企业要在文化、领导方式和价值观、组织结构、技能和资源之间保持平衡，保障创造力破土而出。想达到卓越，根本没有“标准”可言。各企业需要立足于最适合自己的定位，保证它对本企业所处的环境、客户和同事最高的适宜性。

一旦找到创新的主要障碍，事情就变得很简单了。只需要设计对策，把这一障碍最小化、消除或忽略即可。数学创新能力能帮助我们应对创新路上的各种障碍。

第 7 章 建立创新文化

培育文化，而不是个人崇拜

创新领导者的工作不是自己包办所有创意，而是创建一种文化，让身处其中的每个人都能产生创意，都能感受到自己的价值。

肯·罗宾逊爵士，《让思维自由》，2011 年

我曾受邀与肯·罗宾逊教授在华威大学共进午餐，我们讨论了创造力、文化和协作的话题。当时，他刚刚写完《我们未来的全部》，这是一本论述教育的、石破天惊的大作。它的主旨是，教育中的创新是横跨所有学科的一项核心技能，它不能够也不应该被束缚于门户之见，也不应该沦为团体组织的“创新周”活动，应该把它嵌入教育和学习的文化核心当中。当时的英国政府完全忽视了罗宾逊教授这本书的价值，导致他离开英国，加入了盖蒂研究所。尽管如此，他创新文化思想的重要性丝毫不减，而且它比绝大多数思想更容易理解。“文化”一词已经沦为习惯用语，但是，它显然遭到了普遍性的误解。我家所在地方议会认为，找个城堡举办一场摇滚音乐会，这就是文化。我那些附庸风雅的朋友，言必称罗马、雷蒙斯乐队和文艺复兴，认为这才叫文化。统统都是误解。“文化”一词也被随意用于商务邮件，就像在薯条上撒盐和醋一样随便。

下面的故事可以清楚地说明这一情况。

一段时间以前，我受邀参观一家大型制造企业。刚一抵达，人力资源经理就自豪地宣称，他们正在进行“文化变革”。很明显，这是他们邀请我的原因。而且从礼貌上说，我应该顺着这个话题问几个有用的问题，如他们的文化现状如何等。于是我问了几个问题。那位经理默不作声，严肃地盯了我好半天，用更响亮、更坚定的语气重复了一遍：“我们正在进行文化变革。”似乎这句话足以说明一切。人们都说，在任何一项咨询项目开始时，总会有两位迷茫的听众。但是我清晰地感觉到，对这家企业来说，是远远不够的。如果不施加足够睿智的刺激和引导，几乎不可能从这位仁兄身上得到任何，哪怕是稍微，有用的信息，所以我选择了退出，虽然这让我感觉受到了伤害，我可不想接过这个烫手的山芋。这个例子生动地说明，对很多聪明人来说，了解文化为何物，描述自己的组织文化是件很难的事。还记得三足凳的比喻吗？我们在第 3 章研究了领导风格和价值观这两条腿。在这一章里，我们着重研究文化这条腿。在正式开始之前，让我们先向爵士乐求教，探究一下什么是创新文化。

合作竞争

爵士乐队是一种松散的组合，由一群对演奏曲目拥有共同的热情和目标的个体组成。他们要完成数千小时的即兴演奏演练，这些演练不需要活页乐谱，它依靠的是对演奏者的精心挑选，挑选标准是乐队风格和临界点的能力和共鸣。乐手有一定的空间“自吹自擂”[①]，同时，他们会让“独奏”和整体音乐方向保持一致。

乐队的领导者能够帮助成员到达音乐生涯的新高度。有的时候，他会鼓励乐手交换乐器，拓宽各自的演奏技能。尽管在整个乐队一致同意的前提下，个别乐手可以拿到“赌金”，用来奖励他对乐队的突出贡献。但是乐队的酬劳通

① Blow their own trumpets，英语成语，字面意思为“吹好自己的小号”，指管好自己的事，不要多管闲事的意思。在这个关于乐队的例子里，意译为“自吹自擂”（此处的自吹自擂采用字面意思，不是通常使用的自我吹嘘的引申含义，请读者留意）。——译者注

常是按照全队的整体表现支付的。这就形成了一种精英管理制度，其中竞合关系远胜于竞争关系。

一支乐队的全套技能非常宽泛，它既是即兴发挥的，又是良好排练的结果。演奏本身既包含正式的音乐结构因素，又包含即兴的无秩序因素。在演奏的过程中，会出现一种很难用语言形容的时刻，当时乐队似乎完全知道该做什么，它能把乐曲带向一个从未排练过的新方向。米哈里·齐克森称之为“心流”[①]（1990 年）。

尽管乐队在排练或者表演中能够获得极大的享受，但是在台下时，成员之间有时会在音乐或者其他事情上产生意见的分歧。有些成员之间或许无法成为至交，但在更加宏大的、音乐本身的“任务”面前，这显得不那么重要。

合作竞争是一种积极的方法，乐手在一支团队中彼此超越，把演奏的整体水平推向更高。尽管每位乐手都有能力独立表演，给观众带来深刻的印象，但是乐队的整体表现要远大于个体演奏可能达到的高度。乐队还要与其他表演团体竞争舞台，乐队要委派一位成员游说俱乐部经理，为乐队获得演出机会。

爵士乐队的故事与现实完全吻合。我曾和马库斯·安德森求证过这一点。他担任过王子乐队和希莉娅·E 的萨克斯手，用他与世界最伟大音乐家合作的经验印证了这一说法：

> 我会识乐谱，也能理解你说的爵士乐“数学”原理，但是，即兴表演的真正技能来自耳朵和直觉，要留意和关照队友，不断给出反馈信号，找到“心流”，把整体表演带入顶峰。
>
> 马库斯·安德森，2015 年

这则爵士乐队的故事引出了下面要讨论的话题，也就是查尔斯·汉迪提到的“任务文化”和“人员文化”的混合体，它能成为一片文化沃土，供创新和创造力更好地成长。

---

① 心流理论（Flow），亦作“神驰状态”，指将全部精神投入到某项活动时的心理状态，它会带来兴奋及充实的感受。——译者注

如何看待文化

在描述文化等无形资产时，比喻和语言图像是非常有用的手段。先说语言图像，它的一个应用实例是西蒙·希思的客串演出；再说比喻，对文化的比喻有很多，“胶水”就是其中一个。如此看来，文化对团结企业、聚焦共同的愿景起着积极作用。把文化当作“胶水”的企业，会采用具有“黏合剂”作用的流程，如高调的内部公司媒体、简报小组、团队建设活动、核心价值讲座等。这种文化能够发展为“强文化”。在“强文化”之下，企业会表现出高度的价值观和理想的一致性。人们对组织怀着马克思主义式的使命感。企业有时会希望在员工身上看到合规的表现。一个极端的例子是，员工会因为他们对品牌价值的执行情况而受到奖励或者惩罚。这种为了团结而做出的努力本身没什么错，但是它遗漏了投入度和敬业度，二者常常成对使用，就像餐桌上的盐和醋一样，但是未能充分理解基本合规与完全投入之间的根本差别。

关于文化的“胶水”作用，还有一种另类的、较为阴暗的观点。强势文化的某些属性会让无意识的行为模式变得“黏滞”甚或“卡住不动”，阻碍企业对环境的变化做出反应。英国的大型零售商玛莎百货就是个例子，它尝到了“强势文化”的苦头，在 21 世纪初遭受了一系列长期衰落。这家企业未能紧密联系客户的需求和欲望，自大地认为没有人比它更了解市场。实质上，所有文化的强项中都隐藏着弱点。

↘ 永久培养

文化是依靠理性与情感的纽带串联起来的，这两种纽带既强大又能够自我维持。因此，单纯运用理性手段来改变文化是错误的。据说，经济学家杰伊·加尔布雷斯用一句话总结了这个困境：要么改变一个人的想法，要么证明根本没必要这样做，二者选其一，基本上每个人都会急切地跑去寻找证据。

从古至今，改变他人的思考方式一直是一大挑战。从古典时代的重要起点开始，历史一直在告诉我们这一点：公元前 204 年，喜剧诗人奈维乌斯因为取笑权贵被判处诽谤罪。罗马皇帝尼禄驱逐了批评他的人，并且把他禁止的文稿付之一炬。这些例子说明，被认为在思想上离经叛道的后果非常严重。

创造力策略：培植维珍文化——会变革、会适应、会学习的强势文化

很多创新型企业深受领导者眼界的启发。但是，真正聪明的技巧在于，如何在企业日渐壮大、越来越多样化的情况下，传递和维系这种精神、文化和氛围。我专程采访过理查德·布兰森爵士，问他如何在400家企业里保持“维珍之路”的活力。

初建维珍时，我们热衷于用不同的方法做事。我们想进入众多的行业，并且彻底颠覆它们，我们要为客户争取利益，为他们提供不同于现状的替代性选择。我们进入了音乐行业、航空业和许多其他行业，用的都是这个方法。一直以来，我们相信一点：与其乞求他人的允许，不如做些大胆的决定，然后寻求原谅。问题在于，随着公司日益壮大，我们可能失去的家底也越来越厚。假设你想在银行业发展，例如我们在维珍金融做的事，你不想用客户的钱来冒险。然而，也许最终你不得不服从行业规则和规定，还是要放开手脚挑战自己认为不正确的事。这是一种防守自身弱点、承担预期风险的做法。

维珍似乎吸引了持有同样看法的人们，它也反映在维珍集团所有下属企业的具体工作上。尽管维珍是一个多样性极高的企业集群，我们同时也有共同的特质和理想，把这些企业凝聚在一起。维珍金融休息室就是个绝佳的例子，它提供了一个舒适的场所，让人们喝杯咖啡、看看新闻，并在没有销售人员打搅的情况下办理银行业务的场所——它也是银行业界建立休息室的首家。实际上，这个休息室和维珍大西洋航空俱乐部会所非常近似，维珍大西洋航空俱乐部感觉上和芝加哥的维珍酒店的设施非常相像。这是三家完全不同的企业，但是，当你走进其中的任何一家，你一定能发现自己走进的是维珍企业，并且发觉某种不一样却又非常令人兴奋的因素存在着。其中的联系是维珍集团有趣的、敬业的和热情殷切的员工。

当涉及集体思维模式或者范例时，难度会大大增加。哥白尼提出日心说，指出地球是自转的，并且和其他行星一起围绕相对静止的太阳公转。这个学说能够轻松地解释太阳、月亮和其他行星的运动。然而，它足足用了26年才为世人所知。将近100年之后，伽利略也在推进哥白尼学说的道路上遇到了严峻难题。1633年，在宗教裁判所的压迫下，伽利略被迫推翻了自己的想法。由此可见，与流行范式失调的程度越高，随之而来的惩罚就越严重。

现代商业社会没有西班牙宗教裁判所来影响变化。然而，挑战企业现状的人一旦被视为“火星人”或“天外来客”，依然要面对强大的心理惩罚和现实惩罚，包括精简机构，或者被派去做“特别项目”。读者可以看看巨蟒剧团的电影《人生七部曲》，其中的“永保公司血泪史”非常值得一看，它能帮助读者理解文化的长期性。

↘ 强势文化有弱点吗

有关文化的传统思考认为，拥有强势文化是件好事，应该多多鼓励。但是，如果它的强势阻碍了企业的应变性、适应性和灵活性，还算是一件好事吗？对于这个悖论，可替代性的做法是建立一种新文化，既强势但又不乏应变能力，包括建立一种基于通用价值而不是特定价值的文化。这种做法拥有包容性的优点，可以灵活应对来自员工的各种解读；但同时也具有一体两面的弱点：那些骨子里过于“十全十美”的员工可能无法识别任何明文规定的价值观。

联合利华很好地运用这项技巧获得了优势，这家企业用组织文化的十项特点来指导各项行为。3M公司也成功地运用这项技巧，在100多年的经营中传承了公司的基因，时间之久，甚至远远超过了公司创始人所能够传承基因密码的时间。丰田汽车是又一个成功的例子，这家企业立足于一整套名为“丰田模式”的通用价值观，建立了属于自己的创新文化，尽管这些价值观更多地师承马克思主义文化管理传统，而不是西方的文化路径。但是，丰田汽车成功地把控制和发挥才智的空间结合起来，同时结合了第1章讨论过的需求、限制条件和选择模型。

创造力策略：文化视觉化

西蒙·希思是一位企业艺术家，他运用企业艺术技法完成各种创新项目。他向我解释了可视化方法在帮助个体、团队和企业方面的重要价值，它能帮助预见未来，也能简单明了地通过新眼光看待老问题。

多项心理学研究明确说明，在视觉形象和回忆之间存在着强大的联系。正是由于这种联系，我们才会致力于充分发挥图形引导的作用。参加各类会议的人们时常会被大量的打印材料淹没，或者饱受 PPT 的残忍折磨。借助绘画和动觉体验的帮助，图形引导能把人们和他们的直觉以及多项感官重新联系起来。

人们时常需要表达一些难以言喻的概念，如企业文化，这简直像把果冻钉在天花板上一样困难。这正是绘画发挥强大威力的时候。幻想和投射具有强有力的心理影响力，是人们运用形象和绘画表达难以言喻对象的强大工具。我时常为一些试图清晰表达抽象概念的团体担任视觉解读者，我会任由他们花时间去描述、对话和决策。为了带来最大的参与度，我有时也会把这种工具交给客户。这里最大的障碍，也是我最擅长解决的障碍，就是有人会说："但是，我不会画画怎么办？"

我们曾与众多大型企业合作，如罗氏、强生等，帮助它们表达那些"难以用言语表述的概念"，类似企业文化、独特的创新概念、抗解问题等。就像 LogoVisual 技术一样，通过绘画运用心理投射方法能够帮助人们以全新的眼光看清自己陷入怎样的困境。

1．立足于单一原则或者少数经久不衰的准则，建立一项强有力的文化。单一原则文化的典范，是安妮塔·罗迪克创建美体小铺的案例，这种文化的第一要务就是"变革"。它的强项在于文化的高度适应能力，伴随而来的弱点是可能丢掉企业的理想。这就是所谓的"适应性组织"。这种类型的文化需要与之配套的组织结构，使得极端的创业行为成为可能。这样新企业才有可能迅速成长为自主性企业。

2．接纳弱势文化。它的优势同样在于适应性，主要弱点在于，由于身份感被淡化，容易造成一致性和积极性的缺失。有些荒谬的是，如果存在真正的信任感，即便策略控制存在一些问题，弱势文化也能变得非常高效。

↘ 变革之风

想为一个组织的文化下个定义，最大的困难是如何“看见”这种文化的问题及其优缺点。因为多数文化都被重重包裹在无意识的假设中，这些假设大多关于“我们这里平时就是这样办的”。先来思考一下风的问题。我们都知道，无论是一阵狂风还是一场大风暴，都可以使用类似风速和风向这些概念来描述，但是风本身是看不见摸不到的。我们可以通过观察风对树木或者视野内的其他物体造成的作用看到它。同样的道理，通过企业文化在企业内部可视的对象上造成的效果，我们同样能看见这家企业的文化。

- 环境。包括“高端和低端符号”。高端符号包括企业宗旨、企业标识、年报和制服等。低端符号包括案例、传言、口号、建筑物、着装要求、装潢和家具，以及影响人们工作方式的特定术语等。
- 员工行为。尤其当企业面对严峻的、历史性的紧要关头时表现出的行为，如收购或者财政危机等。这些时刻常常是一家企业的文化在外部人员眼里表现得最清楚的时候。外部人员是指企业的顾问，或者尚未习惯企业文化的新员工。

创造力策略：打通文化

在创新的语境之下，企业文化应该产生足够的行动凝聚力，加速新产品和服务的面市。在第 6 章里，我们把文化比作管道中液体，并且关注了它的黏性问题。从科学的角度看，为了提高管道内液体的流动性，可以通过加热、稀释或者把管道拓宽等多种方法。而为了改善创新管道中创意的黏度，可以考虑“创新文化变革”的方法：

- 文化的升温或者稀释。营造紧迫感，放宽妨碍流程的规章制度，建立信任、更高水平的团队凝聚力以及目标一致性等。

- 加入更多的或者不同的资源。例如，罗莎贝斯·莫斯·坎特称为“跨界者”的人才，以及擅长执行、能够带来“拉力”而非“推力”的人才。

提高流速的方法：为文化升温，创造拉力。

递进一个层次来看，文化涉及企业及其身份的价值观和集体信念。总体而言，这些要素是不可见的，它可以比作一座冰山，环境和行为浮在水面以上，它们是可见的；其他要素潜在水底，是看不见的。我们会在本章的后半段，讨论文化变革时回到这个话题上来。

在有关可见因素和不可见因素之间相对重要性的争论中，至少存在着两大阵营。实用主义者认为，唯一重要的是行为，至于人们的价值观是否与行为一致，这一点根本不重要。因为雇佣关系就是一种契约，雇员以自己的绩效（大约等同于行为的总和）交换薪酬，如工资等。而唯心论者认为，只有在一个人的价值观与所有其他要素保持一致的情况下，才有可能实现优异的绩效表现。类似的假想带来了各种文化加固项目，这些项目要求人们按照企业的价值观生活，期望员工与企业签约，从头脑到心灵再到灵魂，都要保持与企业文化的高度契合。可以说，两种看法都有可能是有效的，最终还要取决于人们供职的企业类型，以及二者之间演变出来的心理契约类型。

经典的文化模型

查尔斯·汉迪在他的著作《组织的概念》中提出了一些经典的文化模型，这些模型至今依然非常重要，值得在这里重申。我这样说，是因为汉迪和其他众多的商业及管理思想家不同，他的著作不是为了迎合流行一时的管理学风尚，他的思想和智慧是经久不衰的，远远超越了同一领域绝大多数的思想领袖。

权力文化。在初创企业中普遍存在。汉迪指出，如果为这种企业选一位守护神，它一定是宙斯，一位任性冲动的霸主。权力文化依靠核心权力，核心领导人散发着权力和影响力的光芒，照耀四周。这些企业是由功能性纽带或者专家纽带连接起来的，而权力圈子始终居于所有活动和影响力的核心地位。多数小型初创企业开始都是权力型文化。权力文化滥用最差的极端例子是对权威的假意顺从，就像我们常常在电视商业肥皂剧《学徒》里艾伦·休格爵士身上看到的，也可以在表现得克萨斯州石油家族的电视剧《朱门恩怨》中见到。

角色文化。常与官僚主义相提并论，与之伴生的组织结构反映了这种暗示，让人不禁想起古希腊的神庙。它的保护神祇应该是阿波罗——理智之神。角色文化的主要力量来自它的各个支柱，也就是它的功能或者专长。这些支柱由最顶层一小群高层管理人员把控。大型制造企业多采用角色文化，尤其那些环境较为稳定、可以从大规模运营中获得经济效益的企业。大学的某些单位和大多数的医院也采用角色文化。尽管熟练掌握互联网的公众的期望大幅增长，但是必须承认，在英国的本地政府部门中，角色文化依然存在，只是不太活泼。有些公众期待自己的纳税带来更多的权益，但在有些情况下，他们对更快捷、更个性化公众服务的期待往往惨遭现实的打击。在多数情况下，角色文化和创新是不相容的。

任务文化。以工作或者项目为导向，随之而来组织结构可以用渔网来形容。渔网的某些线绳较为粗壮，大多权力和影响力存在于渔网的间隙。许多项目导向的矩阵企业（如软件公司、生物科技公司等）奉行任务文化；这一类型的文化与任务导向的创新引导型企业非常兼容。前文的爵士乐队案例是一种任务文化和人员文化的混合体。

个人文化。以个人为核心焦点。其组织结构尽可能最小化。它可以看作一个星系，其中每一颗星本身都是发光的。如果为它选择一位守护神祇，应该是狄俄尼索斯，以自我为中心的个人之神。它普遍存在于“职业”企业中，如咨询公司、诊所和建筑师事务所等。在个人主义盛行、虚拟企业寻常可见的社会里，个人文化表现出越来越高的重要性。然而，这种文化的弱点也在发展，因为它的核心是一个个离散的明星骨干。所以，当企业以合作与协同为创新前提的情况下，凝聚力会是一个大问题。如果这个问题得到有效的解决，那么，个人文化可以成为组合式创新的上佳途径。

创造力策略：走进创新温室——得逻辑

我大学毕业时，得逻辑为我提供了工作机会。这家企业是 20 世纪 80 年代和 90 年代英国的高科技先行者。在它的文化和氛围中，创新和创造力就像呼吸一样，既自然又须臾不可缺少。在这家企业里，如果你为了妥善处理项目而晚上加班，那么上午 11 点不到公司是完全可以接受的。得逻辑给我的报到时间是 7 月 1 日，我回信问，可否 9 月 1 日报到，我想用那个夏天徒步穿越加拿大的东部诸省。如今，我也成了雇主，我开始理解为什么得逻辑的回信充满了勉强的语气，尽管他们同意了我更改入职日期的要求。

9 月到了，我开始了得逻辑的工作。这时我才发现，这家企业一共招聘了 10 位应届毕业生，其余的 9 位都是 7 月 1 日入职的。最好的岗位自然都被他们抢占了，留给我的工作只有写报告，为别人的项目写报告。它属于没人愿意去做的岗位。更糟糕的是，大约一年之后，我被得逻辑按照“后进先出”的裁员方式解雇了。下岗之后的那个星期天，我邀请我的上司和他的夫人到家里吃午餐。他打电话给我，他说鉴于当时的情形，如果我对他说，你还是自己在家吃吧，他完全能理解。我告诉他“还是过来吧”。他如约而至，还带了一瓶红酒。我们一边喝酒一边聊天，度过了非常开心的午餐时光。我告诉他，我写了一个抵押贷款计算程序，而且实话实说，这个程序是我用上班时间写的。当时贷款经纪人，因为算错了像我一样年轻人的人寿保险抵扣多赚了好多佣金。我曾亲眼看着一位经纪人动作迟缓地在计算器上把3（他想要的收入的倍数）和20 000（我当时的收入）乘在一起。我当时想，这些家伙需要最基本的算术培训。

那个礼拜天的下午，在酒精的作用和我上司的鼓动下，我给这家礼拜五刚刚解雇我的公司打去电话，接通了创始人大卫·波特的号码。他每个礼拜天的下午都会在办公室。当我提出见他时，他犹豫了好一会儿，至少在我感觉是好一会儿。我向他兜售自己的抵押贷款程序，用于他最新推出的掌上电脑。他放声大笑，当场给了我一个优惠的经销商价格和信用账户。到了礼拜一的早上，我已经是得逻辑掌上电脑的分销商了，而我的客户正是那些贷款经纪人。我把这个业务拓展开来，成立了自己的公司，名叫Widget，专做得逻辑产品的分销。从那时起，Widget逐步拓展业务，销售TomTom的卫星导航设备、Flip视频摄像机，还有最早的傻瓜式手持摄像机。

从一开始，Widget的文化就是建立在适应的基础上的，公司的发展依靠几家供应商的产品代理，这些供应商经过严格挑选，通常不会多于十家。这和TomTom很类似，这家企业把Fitbit健康跟踪设备和Orbitsound's产品带入了英国市场。它传承了得逻辑的企业精神。

马克·尼德汉姆，Widget董事长，公司网址：www.widget.co.uk

文　化	创新和创造力方面的优势	创新和创造力方面的弱势
权力文化	快速决策，这意味着创新可以获得成功。 可以很好地应对危机。 给予关键个体以信念。 创造力能够得到奖赏，其程度与它为企业和企业中的关键人物带来的权力提升保持一致	在没有领导者支持的情况下，一切都不存在。 与领导者眼界不一致的发展和创新带来的可能是问题。 “无目标的”创新极有可能招待惩罚

续表

文　化	创新和创造力方面的优势	创新和创造力方面的弱势
角色文化	在稳定的环境里可以带来经济性。 基于服务年资的职业任期和机会。 披着“理性外衣”的适应性创新和创造力可能得到落实	抵制变革。 对标新立异的激励不够。 在机会出现时，变革的速度迟缓 过度的表现或者激进的创造力会限制职业的发展
任务文化	能够对变革做出快速的适应。 适合快速变化中的市场环境。 能够释放出高水平的、富有成效的创造力	在目标不清晰时，可能会失去焦点。 可能不够高效。 不易把控
个人文化	在个人与企业的目标高度一致时，可能带来很高的业绩表现。 可以释放出高水平的创造力	几乎不可能把控。 创造力可能会变成向内聚焦（需求驱动式）

在很多大型企业中，各类型文化一定是和谐共存的。以通用电气为例，在杰克·韦尔奇的领导下，这家企业以权力文化为核心。同时，通过给予各部门负责人最大限度的自主权，通用电气实现了快速增长。部门之间业务相互关联，部门之内采用任务文化。财务结果是这些部门共同的主题，也是对核心贡献利益的唯一标准。随着企业规模的日益扩大，还会出现是否培养亚文化，适应不同市场和客户的争论。随之而来的是企业内部的协同与合作的问题。在这种情况下，最需要的是有能力掌控冲突的人才。

● **刻意的训练——来自火星的譬喻**

请你使用比喻手法描述所在企业的现有文化和目标文化（或者亚文化），你会把它们比作什么，关键差别在哪里。请想象你刚从火星来到地球，走进你的公司。

第一印象透露了这家公司的什么文化？汉迪的四种文化，或者它们的组合，你最喜欢哪一项？

如何管理文化

有一种观点认为，为了保持文化与客户和市场的相关性，应该并且能够做到文化的管理。这样的话，管理的对象是什么，管理的方式又是怎样的。格里·约翰逊在他的著作《企业战略管理》中给出了一套全面的模型，解释了所有可用的手段。我对约翰逊教授模型的理解如下：

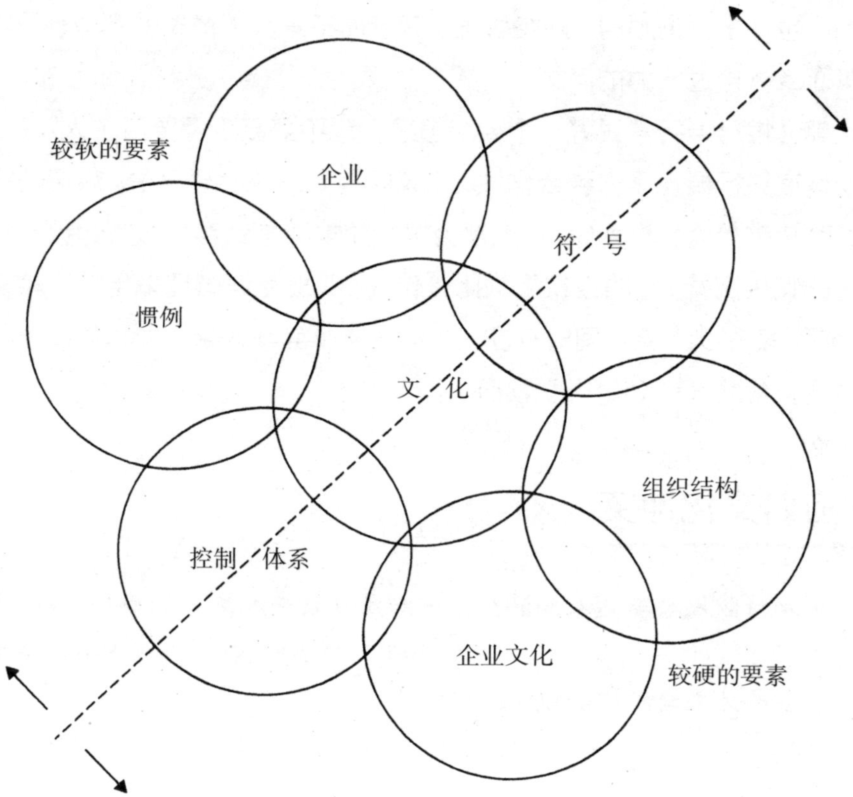

在约翰逊教授的模型中，我把各个要素分为两部分："硬要素"和"软要素"。要让员工在"棋盘"（比喻企业组织结构）上动起来，差异化地奖励他们

（控制体系），影响企业的权力架构，这是相对容易做到的。假如相应的变革与较软的要素不匹配，文化的管理将寸步难行。它既包括企业立场、仪式、程式等公认对成功有所贡献的软要素，也包括企业的逸事和神话这一类的软要素。我们在下面逐一讨论。

符号指的是企业的视觉语言，如企业标识、着装方式、办公室的物理表象等。企业的神话是一些成功和失败的故事，讲给员工、客户和竞争对手听的故事。程式指的是那些可接受的行为的日常规范。控制体系包括预算、绩效管理、奖励和表彰体系等。企业组织结构说的是企业的物理结构以及汇报序列等。权力架构和企业组织结构是不同的，因为权力架构是有关各种关系、网络、谁说了算等问题的“地下管线图”。比较矛盾的是，在大多数创新型企业中，最有权力的人也许是咨询顾问、网络管理员等，而不是头衔最长的那些领导者。我们在第 3 章讨论过权力的问题。

大都会银行奉行“说好一个人就够了，说不好至少需要两个人”的政策。它帮助这家银行展现了一种合作性、合议式控制系统管理方法。高调的符号包括允许客户带着宠物进入银行。大都会银行的规程是对客户服务和银行业务流程简化的狂热执着。它的组织结构比较传统，职业生涯管理采用了比较精巧的方式，使得多种权力架构同时存在。这是一种非常具有凝聚力和创造力的文化管理方式，帮助大都会银行脱颖而出。

如何应对文化冲突

对付敌人需要超人的胆量，而对抗朋友需要更大的勇气。

罗琳，《哈利·波特与魔法石》

创造力来自思想的碰撞。

多娜泰拉·范思哲，范思哲集团副总裁

毫无疑问，想在企业内部建立亚文化，就不可能避免文化冲突。有一派思想认为，需要避免工作上和生活中的各种冲突，有些人有意或者无意地鼓噪顺从以及对权威的盲目服从。从工作的长期生产力角度看，要产生必需的驱动力，仅靠工作职责是不够的，一味的顺从还不如坦率的内战。培养合议式企业文化，一定会让积极主动的“肯干”价值观成为常态。这种常态带来的一项后果是，企业会默认冲突是坏事，这会损害创新和创造性。电通是世界上最大的广告公司，也是通过争论和冲突实现繁荣的最好例证。公司的创始人吉田秀雄制定了十条社训，并命名为《鬼十则》[①]，第十条是这样说的："不要害怕摩擦，摩擦是进步之母，是积极的肥料，否则你将卑躬屈膝、软弱无能。"

话虽这样说，只有一部分冲突的变种是有益的，其余的冲突只有纯粹的破坏性。长期而论，关于创意和任务的冲突（争辩）能够带来成效，它会带来创新和创造力的提升。而当冲突的焦点落在个人人格或者情绪化的主题上时，它有时是积极的，也有可能变成一种慢性病，最终导致氛围的沦落，对工作团队乃至整个企业造成消极影响。很明显，创新型企业的领导者要管理冲突而不是逃避冲突。托马斯-吉尔曼冲突模型（1974 年）是一套面向个人的、全面掌控冲突的可靠选择（网址 www.kilmanndiagnostics.com）。

托马斯和吉尔曼从两个维度出发，提出了冲突管理的五种策略：一个维度是对自身的考虑（自我主张），另一个维度是对他人的考虑（协同合作）：

- 回避——从冲突中撤出身心。
- 克制——为了他人，调和争议。
- 妥协——达成低水平的、各方都能接受的解决方案。
- 协作——达成高水平的、各方都能接受的解决方案。
- 竞争——运用手段，赢得胜利。

可能和很多人的预想大相径庭，以上每种策略都是创新领导者的必备工具。如果必需的竞争是灾难性的，就需要运用“回避”策略来避免冲突的发生；在使用得当的情况下，“回避加克制”的策略不一定代表怯弱。我们中的多数人都有自己偏好的一个区间，这五项策略各有各的优势和劣势。几年前，我和

① 《鬼十则》（*Ten Rules the Demon*），电通集团第四任社长吉田秀雄与 1951 年制定的社训。另，电通集团的创始人是光永星郎，吉田秀雄是第四任社长，作者有所混淆，请读者诸君留意。——译者注

一个社会服务部门合作，这家部门告诉我，他们在很大程度上属于回避者和克制者。这样的做法固然“一团和气”，这样可以不得罪任何人。但是，这种倾向性让他们在应对严重问题时无计可施。重要的是，如果缺乏一位能争会抢的领导者，他们可能连起码的资源都拿不到，更不要提为贫困无告的儿童和家庭提供服务了。

从企业层面来看，关于人格的冲突往往演变为针对集体性格（如意识形态）的冲突，这就需要领导者的介入，有效地管理亚文化之间的冲突（如销售和人力资源部门之间），有些亚文化之间可能天然是截然对立的、相互反对的。领导者可以选用的方法有：

- 起用整合者，或者罗莎贝斯·莫斯·坎特提到的“跨界者”。这些人通晓各个圈子的“内部语言”，广受不同亚文化的普遍接纳。
- 人员调动。让一部分人离开原岗位，形成亚文化之间横向流动，鼓励混搭。这是“工作设计”的放大版本，我们会在第 8 章里讨论工作设计的问题。
- 接纳自然过程中的冲突，它们会带来创意的提升，要容许或者鼓励它们的发生。这并非消极的态度。
- 以提高创造力和业绩的总体水准为目的，鼓励并行的活动。这和“马拉松”的含义比较接近：两位马拉松选手齐头并进，都想赢得比赛，你追我赶之间，每个人都跑出了很好的成绩。我们也注意到，在优秀的乐队中，普遍存在这种类型的竞争关系。
- 改变地理布局，让创造性冲突更容易发生（如把具有巨大差异亚文化的部门放在一起）。
- 运用对话、肯定式探询和其他假定呈现流程，把冲突中的人们的积极意图和意境地图显露出来，帮助他们逐步认识到他们之间差异的价值所在。

思考

在脑力型企业中，创新和创造力的繁荣发展需要各种必要的条件和前提，而文化对这些条件和前提的产生具有强大的影响作用。建立足以激发创造力的文化，往往需要数年之功，而毁掉它只需要几分钟就够了。

创新和创造力不存在特别偏好的某一种文化。尽管如此，创新和创造力的种种特性决定了，它很难在角色文化中获得生存空间。主要问题在于，角色文化按部就班的流程会压制奇思妙想、首创精神和灵感的激发。

在快速变化的环境里，找到恰当的方式培养文化，并且不会带来太多的文化固定性，这一点是非常重要的。强势文化在适应性方面存在明显的弱点。

针对创意的冲突是宝贵的资源，前提是这些冲突能够得到良好的驾驭和利用。富有创造性的领导者可以扮演多个角色，是管理冲突的大师，有能力为他人树立积极的楷模。

领导者的职责是统一各种价值观念、氛围和行为，他的行事方式既能满足企业的目标，又能鼓励针对陈规的不调和。目标聚焦和企业脱逃术之间存在着天然的悖论。如何管理这一悖论，是衡量一位领导者水平高低的一把尺子。

第 8 章

面向创新的组织结构

也许你堪当大任，但是生活是由小事组成的。

邓明道，《Tao Meditation》，1992 年

人力资源部门的职责

人力资源部门是面向未来的，它的职责绝非绘制组织机构图和汇报序列图表。确切地说，它要参与在企业内外部设计灵活的组织架构和生物多样化的网络，既可以帮助企业实现理想，又能够让企业处于张力之下，不断地再造自我。大创意往往出自小团队，因此，大中型企业的一个关键职能是做好规划设计，让事情感觉起来很小，又能从广泛的资源中获取支持，大中型企业最不缺的就是资源。这些工作没有一件是简单的。对个体而言，必须学会和本职位舒适范围以外的人打交道。对团队而言，必须围绕不断变化的优先级建立组织、头脑风暴、设计规范、创造业绩并不断革新。对企业而言，必须平衡人才队伍的长期巩固，必须和与自己无法持有或者掌控的资源合作。双方拥有共同的热情和理想的情况除外。

以创新为目的，打造企业的组织结构，这是一个很棘手的问题。为了解答这个问题，我花了很多时间与我的 MBA 同事探讨，包括波士顿大学的史蒂

芬·利伯恩博士，还有罗斯·德瑞克森，工程学博士、电脑天才、爵士音乐家。借助他的研究工作，史蒂芬帮助我探索了组织结构和即兴表演之间的联系。罗斯的洞察力则来自纯粹的数学视角，它触动了我搭建组织结构积木块的神经。他们的帮助得到了剑桥大学帕姆·伯纳教授和朱利安·哈雷博士的补充和有益的颠覆。朱利安是一位理论生物学家、动物行为学家和音乐家。我们从数学谈起。

用数学思维来看组织

远在采猎小组时代，组织就开始存在了。人类学家告诉我们，采猎者生活在游牧社会，一个社区大约由 150 人组成（邓巴数[①]）。邓巴认为，150 是人类大脑能够认知并与之维系稳定社会关系的极限。看来早在远古时代，采猎者就懂得这一点，无须进修人类学或社会心理学的学位。然而，社会秩序之内的每一支狩猎小组的人数不会超过六人。在各类组织中，最小的团队是二人群体，由两位成员组成。

团队的规模会对它的效率和效益产生关键影响。举例来说，一支两人团队只有一条双向沟通通道。换成三人团队，通道变成了三条。四人团队有六条。也就是说，一支三人团队，在增加一人的情况下，通道的数量翻了一番。在更大规模的团队中，潜在的二人团队的数量是 $N(N-1) \div 2$。

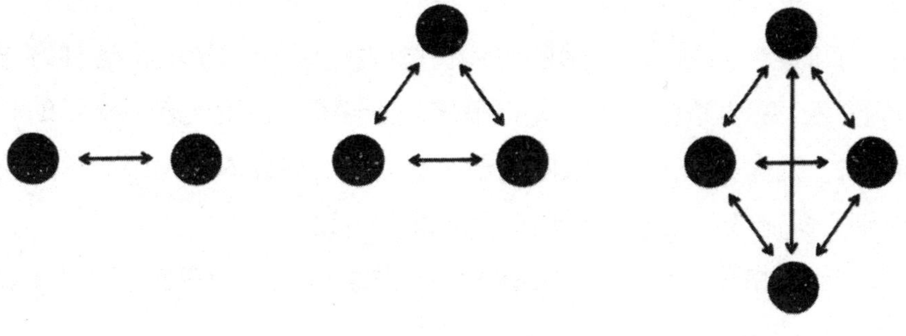

① 邓巴数（Dunbar's Number），一个人可以维系紧密人际关系的人数上限在 150 左右，也称 150 定律，是英国人类学家罗宾·邓巴（Robin Dunbar）提出的。——译者注

不同规模团队中的二人团队的数量										
团队规模	1	2	3	4	5	6	7	8	9	10
二人团队数量	0	1	3	6	10	15	21	28	36	45

随着联络数量的增加，沟通会变得越来越复杂，这种情况不仅来自通道绝对数量的提高，还来自每支二人团队中参与者的过程损失。因此，团队规模越大，管理协作的难度就越高。异步电子通信技术只能解决复杂性问题，而且在有些情况下，多重通信通道只能让协作变得更复杂。所以说，小即美，这是设计大型企业组织结构的一项基本组织原则。五到六人一个小组，这个数量可以打破吗？有些情况下是可以的。

管弦乐团、工厂和一些音乐团体常常会打破这一规律。管弦乐团之所以能够做到这一点，主要原因在于它的子单元（如弦乐组、号组等）常常演奏相同或者近似的内容，这就降低了复杂性。想在大型团队中实现一致的表现，还可以使用参与共治机制。Parliament/Funkadelic 乐队的音乐艺术家乔治·克林顿是参与共治机制的代表人物。我曾为了这本书专程采访过乔治。我很好奇，一支 40 人的乐团同时登台，围绕某个主题进行半混乱状态的即兴表演，他是如何做到如此天衣无缝的？乔治指出，乐队的所有成员是按照共同的提示表演的，这很像指挥家指挥一支管弦乐队。区别在于，它是依照特定时刻进行的，而不是一套预先确定的类似乐谱的操作规则。工厂里的运营部门也存在类似的情形，在工厂里，如果人们使用同样的提示，采用协同的行动，管理更大规模的团队是有可能做到的。从初始的混乱状态中把人群组织起来，这种方法被称为大团体介入，它也是商业上的并行措施，能够统一初始状态下对目的和手段的不确定性。就像乔治·克林顿的例子一样，大团体介入是围绕简单的原则和“双脚法则”实施的，这一点我们在第 4 章中讨论过。

对大型组织的领导者而言，要在两种团队管理的选择中做出取舍，或者采用轮式方法，或者采用全渠道沟通方式。

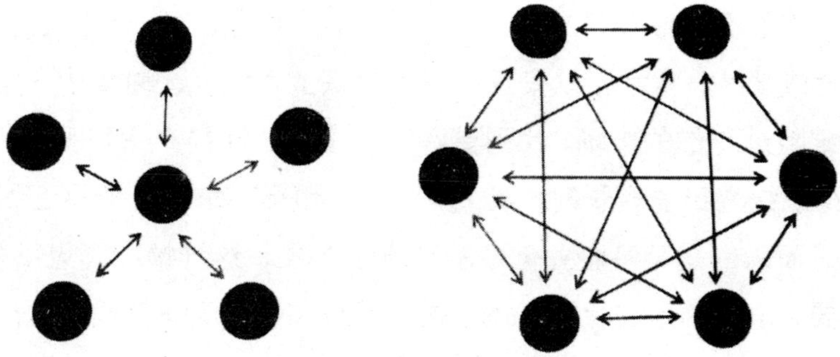

团队中的数学方法固然有用，地理方法也不容忽视。在《产品开发新法则》一书中，普雷斯顿·史密斯和唐纳德·赖纳特森研究了产品设计团队，发现位于同一地点的团队，其工作绩效远远好于远程团队。进一步的研究表明，如果团队成员之间相隔的距离超过 30 米，他们的合作效率和坐在不同的大楼里的效果一样。密歇根大学的一项研究表明，如果把一项软件开发的任务分成两个独立的项目，各干各的，会产生 30%~40%的错误率。如果把这两支项目团队放在同一个地点，做同样的工作，错误率会降到 3%~4%。虽然异步通信技术也许能让我们变得更加聪慧，但是，我们看上去忽略了人际接触在创新活动中的价值，这带来了非常极端的后果。清纯饮料显然认识到了这一点，所以他们把不同职能的团队集中在总部大楼里办公。这种集中为清纯饮料带来的最大裨益是团队之间的有机融合，以及随之而来的多样化思考方式，它不仅是共同做好一个项目那么简单。

大体量不一定代表笨拙和迟缓。维珍集团就是一个很好的例子。就多数人的标准而言，维珍集团算是大企业（它在遍布全球的 400 家企业里共有 55 000 位员工），但它依然保持了初创企业的思想和以客户导向的精神。惠普公司运用了源于人类学的原则和邓巴数准则，成功地在一个庞大的企业组织中保持了小企业的精神特质。每当一支团队的人数超过邓巴数时，为了保有小企业式思考和行动的益处，这支团队会被分拆。2009 年以来，清纯饮料迎来了大规模的业务增长，这家企业的应对方式是在全欧洲范围内建立多个自主经营的业务单位，再把企业的运营方式复制到每一家单位，以核心理想为指针，按照公司的价值观精心挑选优质员工。

所以，体量不是最重要的，但需要注意的一点是，当一家企业变得越来越大、越来越成功时，常常会从安逸中滋生自满的情绪。这种情绪一旦出现，就可能有人乘隙进入你的市场，找到更好的方法替代你的产品和服务，抢走你的客户。当组织结构日益增长时，饥饿感、天真和玩兴常常会被驱逐到企业生活以外，随之而来的是有害企业健康的灾难性后果，这种情况屡见不鲜。所以，体量不重要，重要的是文化和氛围。这也是查尔斯·汉迪教授在他的《饥饿的灵魂》中论述的核心问题。想为了创新和创造力保持灵巧、敏捷和饥饿感，就要在增长组织体量的同时，不间断地像小企业一样思考问题。

组织生态学

二维图表无法表现交际、协作图和“细微差别”，它们都是企业运转的重要因素，这让我一度非常苦恼。简而言之，二维图表现的是一家企业的“数学问题”，而不是“生态问题”。如果我们想要更好的、灵活屈伸的组织结构，就应该更多地考虑有机的模型，而不是二维模型。我和剑桥大学的朱利安·哈雷博士讨论过这一点。它让我确信，人类能够从生物世界学到很多，带来深入组织和结构的启示性的洞察力。

↘ 白蚁、蜜蜂和蚯蚓

在昆虫王国里，不存在微软项目管理软件，决策树或甘特图，那么白蚁是如何做到像人类建造城市一样建造巢穴的呢？没有标准操作流程、精益思考、六西格玛和其他具体的方法组织自己，蜜蜂是如何在复杂事件中做到协同一致的呢？蜂群具有扁平的组织结构，包括一个领导者（雌性），蜂力资源部门（HR）会设立专业分工：工蜂和雄蜂。没有一只蜜蜂想当高级授粉副总裁、首席生态官或者蜂蜜资源总监。蜜蜂没有市场营销、HR、IT或者政府关系部门，也没有大规模的合规部门，要求每一朵花事先经过花粉系数检测。相比之下，人类无法把如此扁平的组织结构运作得如此良好。如果人类认为自身拥有的智能是管用的，我们一定比蜜蜂做得更好才对。

再来看动物王国。蚯蚓意外被断成两段时，带有“马鞍”的一半能够存活下来。这让蚯蚓比鸟类更有存活力，更少脆弱性。略微多些乐观的例子是植物，加雷思·摩根在他 20 世纪 90 年代的著作《虚拟组织》中提出了有关吊兰的看法。吊兰是一种能够自我复制的植物，与谦卑的蚯蚓不同，复制完成之后，新旧吊兰都能存活下来。一些创新型企业特别重视把自身的体量控制在很小的水平上（例如，每当一个单位达到某一规模，立即将其分拆）。里卡多·塞姆勒在他的《塞氏企业传奇》（2001 年）中提出，人们只有在认识身边每个人的情况下，才会发挥出所有的潜力——邓巴数。还有些企业把“神奇数字”设定为 1 200 人，只有某一单位的人数达到 1 200 时才会拆分。很显然，实际的数字取决于众多因素，如工作的简单性、次级单位的数量、工作的专业性或者标准化的程度等。

为生命而设计

1962 年，钱德勒在他的著作《战略与结构》中指出，战略为主，结构为仆，结构跟随战略，不能颠倒二者的主仆关系。事实上，真的是这样吗？伊甸园项目的首席执行官蒂姆·施密特指出：

> 一旦人们固化在自己的岗位上，组织就陷入了僵化。
>
> 蒂姆·施密特，伊甸园项目首席执行官

设计一项组织结构的首要考虑是什么？应该是能够在何种程度上协助企业战略的达成。然而，这也要求组织结构支持人才战略的达成，没有人才战略，就无法取得长期的成功。所以说，结构对战略（如人才战略）的达成担负着眼前的职责。考虑到这些原则，组织结构的设计需要细心，充满创意，富有灵活性。

某种比例。直接向领导者汇报工作的下属应为多少人？主要取决于下属的工作依赖他人的程度。在脑力型企业，预计的下属与领导者比例比较低，极端情况下可以是 2：1，很少出现高于 6：1 的情况。作为对比，这个数字在工厂的生产线上可能达到 30：1，它遵循了前文探讨过的原则，带来无缝协同行动。

高度与宽度。通过组织扁平化和协作水平化鼓励创新，这是近年的一大趋势。然而，几年前的一项学术研究表明，有些完成组织扁平化的企业发生了自相矛盾的情况，企业的层级比实施扁平策略之前还要高。这可能是根深蒂固的“纵向攀爬”职业观造成的。想在一个扁平的组织结构中工作，首先要适应水平的“攀爬架”式的职业发展路径。也就是说，是“跳房子”，而不是“爬梯子”。人群不是蜂群，做不到“每只蜜蜂都知道自己的位置”，好的企业懂得化方为圆，想方设法把员工的发展通道设计成水平的圆环，而不是纵向的层级。

创造力策略：维珍集团面向敏捷性的组织工作

关于如何设计维珍集团的组织结构，保持其敏捷性和新鲜度，我专程采访过理查德·布兰森爵士。我想了解，维珍是如何解决“身为大企业，感觉像个小企业”这个难题的。在组织体量方面，维珍有没有遵循邓巴定律？在他设计维珍的组织结构时，有没有把生物学或者数学的方法纳入过思考，或者是否二者都曾考虑过？

我们第一次遇到了这个问题，是在维珍唱片的业务刚刚开始扩张时。当时的维珍唱片大约有 100 位雇员，业务开展得顺风顺水。但是，我们已经开始担心，它是不是开始变得迟缓和笨重了。我决定把它一分为二，分离创建一家新的企业。我们从维珍唱片挑选了一些很有才华的人，组建了一家新公司。等到这家新公司接近 100 人时，我们又做了同样的处理。

这个方法帮助了所有的维珍企业，让它们始终处于灵活、敏捷、适应性强的状态中。工作压力在团队之间得到了分担，优秀的管理人才崭露头角。如今，如果有任何维珍的雇员想出新的产品创意甚至一家新企业的好主意，我们都会鼓励他们放手去做。所以，维珍有许多新企业或者新方案来自工作多年的老员工，这也是情理之中的事。

权力是如何流动的。在一个组织之内，各级管理者拥有权力的多少直接反映了该组织的集权或者分权程度。集权、分权各有优缺点。看似矛盾的是，在创新企业中，权力的集中反而大有帮助，尤其是资源权力的集中（资金、人力和时间等资源权力），如为有前景的项目提供快速反应资金等。集权—分权的争论本身就是一个抗解问题，冯斯·琼潘纳斯在他卓越的著作中曾做过详细的论述。

合作、合作，还是合作。组织结构的意图在于协助沟通，所以，就像我们之前看到的，把定期相互沟通的人们组织在一起是理所当然的。然而，和白蚁或者蜜蜂比起来，人类的事务复杂得多。人类要在全球范围内开展工作，还要与从未谋面的、甚至工作目标和工作套路迥异的人合作。领先的企业从不心存侥幸，坐等创新和创造力自己上门。他们认可和鼓励把游牧式方法用在合作上，因为致力于同一项目的人们需要相互沟通。

厨子多了烧坏汤？每个人都喜欢单一领导，这无可厚非。但是，在面对新环境或者快速变革的环境时，只有一位领导者会造成行动迟缓、无法迅速调整和适应的情况。现代组织的项目管理机制意味着多位员工同时为多位领导者做事。这种情形需要高水平的管理技巧，按照目标和优先级与员工订立合约。多对多的安排可能造成工作负担过重，或者任务优先级相互冲突的情况，让员工感觉难以招架、无所适从，工作陷入停滞状态。一种替代方案是让领导者互相协调各自的需求，把不存在类似问题的任务交给员工去做。

创造力策略：以创新为宗旨的组织结构

促进创意到创新的效率和效果是脑力型企业组织结构的宗旨。为了提升创新管道的有效性和效率，可以考虑“创新捷径操作”：

- **晚开始。**把企业知识产权的非关键要素外包出去。典型的例子是，制药企业向签约研究机构购买市场前景看好的新药原料，以此规避探索性研发的不确定性、长期性和对资源占用。这种方法在下面的创新管道图示中显示为一道暗门。

- **抄近路。**绕开企业组织的结构瓶颈。一个例子是启用公司边界以外的风险团队和内部创业机制。
- **开放式创新。**开放式创新可以弱化企业和客户及合作伙伴之间的边界，帮助创业从外部向内流动，扩宽前期创新的进入通道。

捷径的几种方法：晚开始、抄近路、开放式创新。

结构原型

一些“有识之士”提出，创新型企业不需要组织结构。我对此深不以为然。它代表着一种雇员雇主关系的乌托邦式的理想，要求雇员完全胜任自我指导，心怀企业，大公无私，不带有一丝一毫个人发展的念头。相信除了极少数超凡脱俗的组织之外，现实中不大可能出现这样的员工。不仅如此，这种理想组织的工作人员清楚地知道人们期待自己做什么，即使给他们最大的自由发挥空间，他们也会按照人们期待的样子完成工作。因此，无论是在宏观层面还是在微观层面，组织结构为人们提供着重要的锚点，帮助人们理解自己的目标、自己与他人之间的关系、工作的协调问题等。假设彻底取消组织结构，每个人仅凭心情做事，必然导致创新工作陷入一片混乱。

它听上去很美，尤其对自导自演的个人而言。但是对企业来说，它意味着浪费和代价高昂的创新。只有无意于成长壮大的小微企业可能会采用“无组织无纪律”的策略。即便是谷歌、维珍和清纯饮料这样的企业，无论他人为之臆造的文化幻象如何，也一样具有组织结构。接下来，我从脑力型企业创新和创造力领导的角度出发，探讨几种主要组织形式的优势和劣势。

↘ 官僚型

“官僚”二字被广泛用于许多陈词滥调中，例如：

一切皆有可能，那是在提交委员会之前。

如果委员会说鹿是马，那么鹿就是马。

“官僚”一词因此被刷上了贬义的油彩，常与繁文缛节和拖沓低效联系在一起。这和马克斯·韦伯赋予这个词汇的本义相去何止十万八千里。韦伯的原意包括：层级、清晰的权力结构、规则的使用、训练良好的管理者、基于业绩的职业发展、非政治化等。

官僚型组织是一种完全理性主义的企业组织形式，韦伯原本的各项原则具有毋庸置疑的优点。但是，放在实际应用中时，韦伯本来原则的自然界限被延伸扩展了（如过高的层级、太多的规则等）。无论怎么说，很多企业无法成为理性系统。

创新企业依然存在建立良好官僚组织的空间。挑战在于，如何在组织化环境里领导创新人才。如何发挥好的官僚组织的有利方面，形成效率优势，同时避免“坏的官僚制度”（如为了复杂而复杂的繁文缛节）。人们经常把壳牌当作反面典型，因为这家企业在官僚主义的道路上走得实在太远，只有一些英国的银行、英国的中央及地方政府部门才能与之匹敌。只有在英国的这些地方，人们还能见到活着的（或者装睡的）最糟糕的官僚主义。作为对比，大都会银行是光辉的正面典型，这家银行对负面的官僚主义疾恶如仇，让自己的客户远离官僚主义的荼毒，最终让所有股东受益。

官僚型组织既有积极的特性，也有严重的缺陷，这种缺陷指的是官僚这个词现今的含义。考虑到这种情况，一种适应性的做法是改革官僚型组织，去除这些缺陷。戈尔公司有一项政策，允许员工“炒掉”老板。里卡多·塞姆勒在塞氏公司也出台了类似的政策。“炒掉老板”的含义是，在实际工作中，如果老板成事不足，败事有余，大可以绕过他不理。这是一种极具颠覆性的设计，能够缩短命令链条，给创新想法更大的生存空间。

➘ 矩阵型

矩阵型组织把正式的汇报关系融合在功能之中，它有时以任务职责的形式垂直分布，有时水平分布。在过去 20 年左右的时间里，矩阵型组织变得非常流行。对于这种组织所带来结果的认同也有与日俱增的趋势。然而，矩阵型组织的实施也有出现困境的时候。极端情况下，矩阵型组织可能造成大崩溃，因为“老板多了煮坏汤”①。这些情况大多来自：个人没有能力同时应对多件优先级别较高的工作，缺乏与职能管理者之间的良好的非正式联络，对资源的破坏性竞争，它往往破坏创新和创造力中的玩兴维度，向多个领导汇报工作，会损耗个人的工作热情等。尽管如此，它依然是众多企业采用的主要形式。如果矩阵型组织确实如此普及，而且无法彻底地改变这种普及性，那么就应该改革矩阵型组织本身，使之更加适合务实的目标。

➘ 自治型

自治型组织并非新概念。在人类学会使用官僚型设计，用来实现自治型组织正式化之前的数千年，它已经广泛用于很多大型事业中了。不去干扰你在一家企业中拥有的资产，这写在书里很容易，做起来难上加难。在我写这本书的时候，亚马逊收购了 Zappos，而且没有妨碍 Zappos 的组织方式（值得极力赞扬的做法）。可口可乐在 2013 年持股清纯饮料，也没有干涉清纯饮料公司的组织方式、文化方法或者运营方式。良性的合作伙伴关系还能带来其他的益处。理查德·里德指出，在清纯饮料成为奥运会官方饮品的过程中，可口可乐发挥了关键作用。Zappos 和清纯饮料是“不折腾”的好例子，但是这样的例子太少见了，简直凤毛麟角。

---

① 这是对英语谚语“厨子多了煮坏汤”（Too many cooks spoil the broth）的戏仿。——译者注

新型组织形式

多数人需要有人汇报工作，寻求指引、建议和辅导。无论弗雷德里克·莱卢在《重塑组织》(2014 年) 中怎样鼓吹，人类将永远无法丢掉组织结构，而安排事业的方式有很多种。即使莱卢本人也承认，在他所谓的“墨绿”组织中，也存在着类似“红色”和“橙色”类型的操作。在这样的环境下，我们所能最大程度做到的是改革组织结构，使之最好地匹配企业的内外部环境。下面是现有组织形式下的主要的改革方法。

↘ 内部创业和冒险资本主义

在企业内部推动创业行为、在创新管道内开辟快车道，从这些工作的角度出发，内部创业和风险团队或多或少具有近似的功能。它们的主要特点是：

- 体量相对较小，因此具备了灵巧的潜质。
- 一定要全职岗位——浮动岗位很难奏效。
- 创建它们的目的是冒险。企业主流活动之外的风险，或者至少是投机性的风险。
- 开始时，可能从比较宽泛的主题着手。
- 拥有更大的探索自由度，更少的条条框框。与自主创业者相比，可能拥有更高的预算。
- 负责创意的成功开发和利用。

风险团队可以用在整体产品/服务的创新工作上。IBM 的个人电脑业务就是风险团队的成果。稍小规模的例子是社会服务部门，它们有意对客户需求做出更积极的回应。为此成立了一支风险团队，配备了独立的行动计划和学习计划，把所学的内容用于工作。这支团队走访包括酒店在内的一些机构，向那些以客户服务为核心的组织学习。很显然，在正式组织看来，这种做法是背离主流文化的。按照当时的情况衡量，它的做法被视为激进主义。

臭鼬工厂[①]

臭鼬工厂是内部创业模型的一种变体，它为组织内的个人提供了一种独特的机会，既可以独立于组织之外，免受中心单位的干扰；又能保证源源不断的资源输入，在没有干扰的情况下持续开展工作。洛克希德马丁公司允许凯利·约翰逊创建一支目标明确的小团队，一个高度自治的组织，它就是大名鼎鼎的“臭鼬工厂”。这支团队不负所托，为洛克希德马丁研制出包括 SR71 在内最具创新性的飞机型号。

虚拟企业

创新源于差异，而互联网让四海一家，人们随时可以相互合作，无须隶属于任何正式的组织，在某些极端情况下，素昧平生的人也可以共事。虚拟企业存在的前提，是身在其中的人们对这种异乎寻常的工作方式的认同。挑战在于，如何设计一个几乎没有，或者干脆没有核心要素的企业。虚拟企业的优势在于，不同的组成部分能够完全独立地各行其是，能够用不同的组织（和文化）方式开展工作。虚拟企业的一项核心特点是外包。我们很快讲到外包，把它作为一种独立的组织革新方式来讨论。虚拟企业的例子包括贝纳通和音乐下载企业 Bandcamp。虚拟企业会临时雇用专业人员，把业务外包给灵活度较高的制造企业，委托传统会计师事务所管理财务，并为特定的项目聘请营销代理等，这里提及的每家受托企业都有着与委托企业完全不同的契约和沟通规定。这就要求领导者具备变色龙一般的快速适应力和灵活性，在跨文化和跨组织的管理工作中表现得游刃有余。

组织结构方面，各个独立的组织必须事先就达成目标的合作取得一致意见。各单位按照自己的喜好自由组织活动，把组织内的官僚负担降到最低。为了让这些单位高效地工作，要明确理解契约的性质，就关乎成败的重要事务建立信任感。各参与单位之间的关系千差万别。虽然理论上它们可能不需要一直

① Skunkworks（臭鼬工厂），洛克希德马丁公司（Lockheed Martin）公司高级开发项目。该绰号来自工程师欧文·卡尔弗（Irving Culver），当时的工作场所毗邻一家塑料厂，空气中散发恶臭，员工不得不佩戴防毒面具上班，于是欧文取名为臭鼬工厂。——译者注

合作下去，但是可能产生比较高的机会成本。几项可选方案如下：

- 核心单位负责协调一切事务，它在权力文化之下运营，起到信息中心的作用。
- 核心单位确保分散的单位定期集中在一起，制定明确的、各个参与方都能受益的日程表。
- 由外围企业组成符合各参与单位合作需求的局部安排。

创造力策略：戴森公司的组织创新和创造力

如今，开展合作的机会遍布全球。在这样的背景下，詹姆斯·戴森爵士如何看待创新的未来？

在戴森公司，与他人合作找到问题的解决方案，这是件平常事儿，我们从来不会为此感到担忧。我们最近与 Sakti3 建立的合作伙伴关系就是个例子，这家美国公司有可能彻底革新配备戴森数字马达的系列无绳吸尘产品的动力方式。这一伙伴关系意味着，我们的用户可以用上动力更强劲、待机更持久的新产品。戴森的合作伙伴关系不限于私营企业领域。我一直相信，年轻人是人类发明的未来。因此，詹姆斯戴森基金会与全球 50 多家顶级大学合作，致力于培养下一代全球工程及技术领袖，他们将成为人类在 21 世纪解决全球重大问题的中流砥柱。

我还问道，戴森公司如何借助组织方式保持企业的敏捷性和新鲜度。

戴森一直是工程师领导的，现在依然如此。这样组织的好处在于，当研究把我们带入新方向时，戴森能够迅速采取行动。从双气旋技术，到机器人研发，戴森一直勇于探索各种新的可能性。

我算是戴森研发部门的一员，这带来了巨大的优势，几乎每一天，我都能够看到新的创意涌现出来，我与工程师保持紧密的合作，保证创意最快速度地进化为可以工作的原型机。戴森是一家私有企业，我们不需要顾虑股东的掣肘，我们听从研究的指引，开发令人兴奋的新技术。

↘ 外包

提起外包，人们常被它与糟糕的服务联系在一起。例如呼叫中心外包，它给 O2 西班牙电信等企业的声誉带来了灾难性的影响。还有糟糕的交付服务，来自类似杰富仕、源讯、Capita 和信佳等外包提供商。虽然如此，对于那些想变得灵巧快捷的企业来说，如果使用得当，外包依然能够带来可观的结构优势。事实上，外包能够带来创新管道内的“后发”优势。这里存在着一个必须解决的问题：哪些业务可以灵活外包？哪些必须留在公司之内，作为决定性的竞争优势？不幸的是，这个问题没有一个标准答案。因为对于每一家企业而言，什么是“核心”部分，什么是“周边”部分，情况各不相同。

Cantium Scientific（公司网址 www.cantiumscientific.com）是创业企业以虚拟组织的方式运营，以网络和外包为主要组织模式的完美例证。这家企业致力于电子系统和产品的设计和开发，为众多行业用途提供支持，其中包括生物气胶采样器，它主要用在无尘室、食品包装、医院的空气，甚至外层空间探索中探测细菌和霉菌的存在。

Cantium Scientific 总经理史蒂夫·普拉姆里奇在自家花园的一角建造了一个小屋子，在那里组织了 Cantium 的整个全球运营体系。惠普是在车库里诞生的，二者的起步非常相似。史蒂夫的小屋扮演着研发中心和虚拟全球总部的角色，借助各种基于云技术的软件工具，史蒂夫和全球的客户和供应商密切协作。它的生产完全外包给本地企业，大部分的元器件也来自本地采购，全球销售则借助分销商网络来管理。很重要的一点，史蒂夫没有把企业的神经中枢外包出去，他保持着与学术界和市场情报网络的密切联系，始终在智力资本和市场情报方面快人几步。他还把企业知识产权中区隔明显的、容易协作的部分统统外包出去。业务各部分之间的关系按照不同的方式管理，有些需要更多的专家意见，其他的部分更多地依靠自主运作。

非组织性改革

如果无法改变组织结构，还有几种历史悠久的办法，可以用来帮助企业领导者减缓结构弱点的不利影响。这些方法看上去也许默默无闻、朴实无华，但是它们相对简单，最重要的是，它们管用。

工作设计

哈克曼和奥尔德汉姆提出了工作设计的五项原则，用来鼓励创新和创造力不可或缺的参与和内在动机。

- **技能的多样性。**恰当地运用多种技能。
- **任务的同一性。**看得清任务的全貌。
- **任务的重要性。**在何种程度上定义自己的任务，以及该任务在更广层面上的重要性。
- **自主性。**对工作的完成方式给予一定的自主裁定权。
- **反馈性。**了解努力转化为绩效的效果。

在特定条件下，这些原则能够转化为既简单又有效的战略。例如，让工作尽可能多样化，以此激励工作技能的多样性；设计工作，帮助人们看清任务，以此提升任务的同一性；分配工作时以任务整体为单位，以此增强工作的自主性和责任心；让所有人相互联络，通过反馈影响彼此的工作。尽管这些原则不是普遍适用的，但是，在一些世界上最好的工作单位里，如 Prêt à Manger[①]，它们被直观地当作常识使用。Prêt 常用的其他人力资源策略可以总结为 3 个 R。

招聘（Recruitment）。Prêt 聘用有进取心的“预制式”人才，给予他们自主权，放手让他们发挥自我。大多数企业雇用人才的标准是知识和技能，解雇员工的原因是工作态度，而 Prêt 反其道而行，把二者颠而倒之，带来了巨大的效果。这家企业有 3/4 的管理人员都是内部晋升的；因为相关工作经验招聘

① Prêt à Manger，英国快餐连锁企业，成立于 1986 年，主要的业务范围是英国、美国和中国香港（本节后面简称 Prêt）。——译者注

而来的管理人员仅占 1/4。在决定招聘谁加入团队之前，普通员工也有表达意见的权力。

奖励（Rewards）。从报到第一天开始，员工就有资格获得奖金。如果受到客户和神秘购物者的赞扬，还会收到更加优厚的奖励金。Prêt 的薪金额远高于行业平均水平。

认可（Recognition）。Prêt 每半年为员工举行一场派对，每月举行一次“周五畅饮夜”。Prêt 的员工无须忍受仪式性的折磨，如穿着可笑的制服、清洁洗手间或装扮成吉祥物的样子。

创造力策略：无界协作

Bandcamp 以虚拟企业的形式运营，截至 2015 年时，它在全球只有 28 名员工，却为客户带来了高人一筹的服务，为踌躇满志的音乐家提供了清晰的商业利益。Bandcamp 上的音乐家可以得到自己作品至少 85%的销售收入。对于大型平台而言，为一支单曲支付 0.99 英镑的版税实在不算什么，这取决于购买者能在多少个别的场所买到你的音乐。音乐销售完成时，音乐家的分成立即入账。Bandcamp 的组织结构是支持利益相关方的典范。是支持，而不是扼杀。作为对比，我认识的一些音乐家，直到现在还未从传统唱片公司收到 30 年前的版税！因为 Bandcamp 为音乐家们提供了如此明确的利益，所以它能够迅猛地发展。很多音乐家拒绝了传统唱片公司，与 Bandcamp 签约，如阿曼达·帕尔默和 Bedhed 等。还有很多音乐家，如汤姆·约克、Four Tet、狼母乐队都在 Bandcamp 拥有自己的账户。Bandcamp 还有一些颇具影响力的独立唱片公司，如 Sub Pop、Ninja Tune、Fat Possum 等，它们有很多值得注意的歌手和乐队，包括汤姆·威茨、黑键乐队和净化乐队等。

Bandcamp 的成立来自创始人伊桑·戴蒙德一次令人沮丧的音乐购买经历。大约六年前，他想从一家本地艺人的网站上购买音乐：

我发了很多封电子邮件，打了几通电话，一等就是几个礼拜。最后，我收到了乐队成员的一封邮件，里面有个链接，打开链接可以下载他们的曲目。

音乐文件的名称上赫然带着“01masterfile.mp3”的字样。

伊桑觉得，应该有种更好的方式，能让任何一支乐队直接把自己的音乐卖给歌迷。但他拒绝复制当时最流行的组织形式，Bandcamp 因此而大获成功。这家企业依然有巨大的“成长机会”，我们将目睹它更大的成功。

↘ 干私活

在建立创新环境的众多策略中，有一种得到了特别广泛的采用，它被称为15%“私活”规则。这一策略由 3M 公司首创，得到了众多企业的欢迎，包括罗氏和谷歌在内。戈尔公司为员工提供了 10%的自由工作时间，专门用来开发新创意，开展个人项目。戴夫・迈尔斯是这种方法的受益者，他利用“私活”时间研制了超薄含氟聚合物，它能让吉他弦变得更耐久、更好用；戈尔公司为这种吉他弦冠以 ELIXIR®的品牌，成为全球销量最大的原声吉他弦。为吉他弦覆上保护膜不是什么新鲜事，但直到这一突破性产品问世，覆膜才具备了影响音质的功用。依赖戈尔公司的独特文化，迈尔斯组建了一支跨部门的团队，用两年的时间把这个创意变成了成功的产品。谷歌的 Gmail 也来自“私活”策略，它是首款具备搜索功能的电子邮件系统。不过谷歌最近修改了 15%策略，回归到更加聚焦的管道方式，这也从侧面反映了谷歌最近的规模增长。效果如何？我们拭目以待。

3M 公司非常重视组织结构。如果一个部门变得太大，3M 会把它拆分开。3M 接受失败，认为 100 项创意中只有 2 项能交到最终用户的手上。它也是第一批邀请用户参与产品创意的企业之一。实际上，一些 3M 的雇员用于“私活”的时间远远大于 15%，但也有些人根本没有“私活”。这都不重要，重要的是这项规则本身，它是显而易见的对创新的允许/鼓励，它带来了勇于尝试的环境和氛围。

↘ 跃过鸿沟

有的组织借助横向合作的力量，在可能出现预期效果的部门内保有效率优势。一个选择是保持各部门现有的组织结构不变，通过罗莎贝斯・莫斯・坎特提到的“跨界者”在部门之间“交叉授粉”。跨界者必须掌握多种职业语言（研发、营销、IT 等），才能在不同的功能区块中发挥作用。Cantium Scientific 总经理史蒂夫·普拉姆里奇就是“跨界者”的杰出代表。

诺基亚集中精力做好跨界工作，把社交媒体当作与雇员联系和沟通的新途径，更好地发挥了水平组织结构的作用。一个例子，诺基亚为一项变革项目建立了一个社区站点，连接了 600 位变革领导者和 6 000 位雇员，每周 7 天，每天 24 小时地回答任何员工提出的问题，或者查找问题的答案。诺基亚也支持在线聊天的方式，把有创意的人们和坐拥大把预算的领导者联络起来，促进工作的落实。“在场”和“有空”很重要，它们比指导委员会、入口、委员会和没完没了的 PPT 宣讲高效得多。

思考

组织结构是创造力向创新转化的促进因素。现今的时代复杂多变，脑力型企业对组织结构的设计必须与企业战略和人员结构相匹配。

我们应该着眼于各类生物模型，找到更好的自我组织方式。想迅速完成复杂的工作，就要保持简单的组织结构。复杂性可以通过简单的规则应对，保证协同一致的行动，蜜蜂、白蚁、候鸟和走穴的爵士乐手都明白其中的道理。

组织结构应该更多地加强和引导企业的横向运作，因为总体来说，横向结构是个弱项，它比运用权力的纵向维度弱一些。把组织结构变得扁平，这是一个乌托邦式的空想。除非职业发展路径支持 360 度全方位职业流动，否则它根本无法真正实现。

无论什么类型的组织，其组织结构必然各具优缺点。因此，必须运用其他“手段”，把弱点降到最低。例如，哈克曼和奥尔德汉姆的工作设计因素、“私活”时间、跨界者等。想更好地克服组织结构的弱点，离不开“跳出创新管道之外思考问题”。

第 9 章 扩大创新能力和容量

人们普遍认为，古希腊哲学家德谟克里特公元前 460—公元前 370 年）说过，看一个人称职与否，应该根据他的意愿而不是行动。因此，早在商业学者发现其重要性之前，他已经把思想和行动联系在一起考虑了。要在脑力型企业中提高创新活动，以及创意向创新转化的效果和效率，离不开 ICCA，即意图（Intent）、容量（Capacity）、能力（Capability）和行动（Action）。在这一章里，我们主要讨论容量和能力两项，形成和保持企业的氛围，以便人们在这种气氛中发挥全副身心和精神。我们从一个棘手的问题开始：创新型人才，到底应该“培养”还是“收买”？

培养还是收买

很多企业相信，要建造一个创新和创造力蓬勃发展的企业，唯一的办法就是保证所有的“原材料”都是最高品质的。伦敦大学学院的阿德里安·弗纳姆教授通过基础研究确认了这个观点。他的研究证明，我们实际上都是自身基因的产物，即便拥有足够的毅力，后天的培养只能发挥相对较小的作用。基于这样的观点，精明的经理会雇用那些具备各种能力的“半成品”人才，至少也要根据学习意愿的高低择优录用。伦敦大学学院针对成功的培养型辅导做出了进一步的研究，得出了惊人的结果。在以下情况中，辅导可以成为一种行之有效的培养策略：

- 当教练和客户之间关系融洽、产生了积极的化学作用的情况下，据估算，这对成功的贡献将近 50%。
- 客户要追寻重要的目标，但没有明显和便利的解决方案——大约 25% 的贡献。
- 客户相信教练是有帮助的——大约 15%。
- 教练的技能和经验丰富，匹配客户偏好的辅导风格——大约 10%。

假定为了招揽合适的人才，或者至少为了选择拥有学习倾向的候选者，你决定使用收买的方式。接下来的问题是，如何做出最好的遴选。典型错误是认为最聪明的人拥有最高的独创性。我们注意到，在智商和情商之间存在着巨大的差别。那些信奉智商高于一切的企业，会走进大学寻找合适的人选，关注的焦点仅限于各种证书和认证资质，这是它们衡量创新和创造力潜力的唯一手段。在之前有关二人组的讨论中，我们探讨过在专家之间开展合作的困难性。在吸引创造型人才的同时，可以创造有吸引力的人才（把他们的才华发挥到最大限度和最高效用）。这可以通过把不同“自然智能”的人组合在一起的方式做到，这样能够补足各人不够发达的领域，也可以通过为情商提供必需的支持做到。然而，如果缺少了基本的情商能力，其培养人才的过程可能举步维艰，这时，你需要引入专门的缺口管理人才，或者先不要在最初开始阶段就雇用这些人。

包括清纯饮料、富士胶片、戴森公司和 Prêt à Manger 在内的众多企业，都把招聘流程当作重中之重，其重要性远远高于创新人才的内部培养。考虑到清纯饮料的用户中包括“粉丝”，通过刚性流程保证员工具备企业需要的技能和价值观就显得更为重要，这比简单地招聘产品的狂热爱好者重要得多。3M 公司也非常重视情商和智商之间的平衡，包括好奇心、解决问题的能力、合作和团队技能等多项因素。在打造岗位工作规范，发现需要的人才时，至关重要的一点是对不适应环境者的鼓励。遗憾的是，所谓的人力资源“职业化”，其实是趋向选择平均值的一种退化。有一点让我深表怀疑，史蒂夫·乔布斯、安妮塔·罗迪克或者理查德·布兰森能否通过某些企业现行的人力资源遴选机制。是不是仅凭他们并不起眼的外貌，或者不大活跃的社交媒体账号状态，就被直接拒之门外了？依据不可思议的狭窄和无关的数据过早地判断候选者的能力，这是一种愚蠢而危险的做法，而它现在就发生在一些企业的人力资源部门里。

我们也注意到，创新人才只是成功的一半，想把创造力转化为创新，还需要异想天开的梦想家和坚定执着的成事者。上述三种品质，很难集中在一人身上，而把拥有这些品质的人们集中在一起，这是完全不同的另一回事，它需要货真价实的多样性。我们接下来探讨多样性问题。

↘ 富混合物[①]

多样性不仅仅是个中听不中用的想法。参加一个派对，红男和绿女带来的东西完全不同。几项近期的研究指出，女人比男人更依赖直觉，这个流行的看法中也许存在基因的作用。但是，这里谈论的多样性，我希望把它的外延尽可能地拓宽，足以涵盖所有形式的差别。汤姆·彼得斯说过，如果我们身边围绕着不同意见者（甚至很难相处的人），我们的业务一定会做得更好。我斗胆为这个概念加上一条：选用能够带来张力、非比寻常的想法和问题的人，可以创造巨大的价值。如果有人能够激发他人更进一步的探究（而不是激发怒火），会带来更高的价值。有的时候，我会大胆地把这种人称为“傻瓜”，因为在一家企业里，在事关问题本质的辩论中，只有这种人不甘心躲在安全的“公论”里怡然自得。电视剧里的“神探可伦坡”就是这种“和蔼的傻瓜”的代表，他善于提出看似天真，实则有数据支撑的问题，总能高效地将嫌疑人绳之以法。

通用汽车的艾尔弗雷德·斯隆诠释了创造性张力对更好决策的重要性。他对董事会说过的一句名言是“先生们，我想大家就此取得了一致意见”，就在所有人点头称是时，他接着说：“所以，我建议把讨论延长到下次会议，这样

① 富混合物（Rich Mixture），燃烧热力学术语，燃料比例较高的燃料/空气混合体，又称富油混合物。——译者注

可以给大家多些时间，得出不一致的意见。也许这样大家才能真正理解这一讨论真正的、完全的意义。”在商业领域，“傻瓜”包括：

天真的贡献者。天真的贡献者不会被主流群体的既有规则、惯例或者思考方式所束缚。

天真的贡献者可能是新进入职的员工，尚未被企业文化浸染，也可能是完全的外行人。最快获得天真贡献者的方法，是邀请一群孩子评价你的企业。孩子们没有日复一日的苦差，也不会使用容易被接受的外衣装扮自己的意见，他们全无机心，看到什么就说什么。

职员董事。另一个例子是职员董事，他们把重要的问题带入董事会议。它曾在欧洲一些企业里成为一时的流行做法。

顾问和局外人。局外人的评价可以是系统性的，也可以是偶发性的。系统使用局外人的例子是聘请外部咨询师或者客户，为企业带来差异性，尤其在需要转变观念的时候。另一种实现方式是邀请利益相关方团体参加重要会议，带来具体的、旁观者的看法。通过这种方式，合格的非执行董事也能带来附加价值。

有些情况下，多样性也可以借助催化手段实现。接下来讨论催化手段。

创造力策略：维珍集团吸引创造型人才与培养创造型人才

究竟是遴选人才更重要，还是培养人才更重要，我就这个问题咨询过理查德·布兰森爵士。他用“不仅……而且……”回答了我的问题，这是他的一贯做法，也是与我同名的喜剧天才彼得·库克炮制的方法。真正的大师善用可用的最好的策略，而不是成为某一种方法的奴仆。

我们经常谈起“维珍人”，似乎我们有种特别的基因构造一样。你可以在所有的维珍团队身上看到，他们总是能设计出别出心裁、才思敏捷的广告活动或者项目。包括我们的机舱服务人员，她们会和乘客谈笑风生，这在其他航空公司是很难见到的。

很多这些美妙的特点都是自然发生的，不过，在维珍工作一段时间，每个人都能得到改变和提高。实际上，在维珍工作一大好处是"袒露"，你会袒露在各种不同的创新创意环境中。令人欣慰的是，维珍的企业不断地相互合作。我们的员工和各行各业的人交流，体会全新的思考方式。不同行业的员工相互挑战，走出各自的职业舒适区域。尽管我们最具创新性的团队做了些工作，让维珍的员工自内而外的变得更"维珍"，但这主要是因为他们在维珍的工作提高了自己的能力，这样说更加恰如其分。对等的是，员工也为企业带来了新鲜空气。维珍人的含义常变常新，它会一直演化下去。

↘ 催生创新和创造力

精明的领导者会借助外部资源开发本企业的创造力容量。好的催化剂能有效提高创新和创造力的效果和效率。指定的环境需要什么，它就可以催生什么。其工作原理和科学实验的催化剂一样，可以降低"活化能"，进入伟大创意的美妙世界，并把这些创意转化为各种可持续发展的创新。在科学领域，催化剂的效用会被"抑制剂"或者"毒物"冲淡；而在商业领域，好的催化剂能够通过一系列定向或非定向的促进策略，把"有毒的人群"转化为坚定的支持者，或者至少可以中和这些人对团队或企业的不利影响。使用催化剂需要保持小型剂量，这样才能起到保护创新链条反应的作用。这一点和科学领域使用催化剂的做法同样是一致的。最理想的创新催化剂溶剂，要数那些把创新思维当作自来水的企业，他们本身并不希望创新思维永久性地成为企业的一部分，他们想要的是，当需要创新思维时，拧开水龙头就够了。

↘ 挖掘内部人才

另一种方法是从企业内部开发创新能力。它可以在个人层面、团队层面，或者整个企业的层面展开。个人创造力的开发可以通过安德斯·埃里克森博士提出的"刻意训练"（1993 年）实现。一个人要把自己的本领扩展到舒适区域之外，离不开一以贯之的恒心。这里的"训练"也可以是理论的训练，获取必需的知识（如阅读创新创意类书籍，或者阅读自己专业领域之外的任何书籍）。许多创造力是以技能和态度为主的，因此，体验式训练也是必不可少的。可以找一支需要注入创新力的团队，做他们的导师，通过不断的尝试、失败和成功完成学习和训练。如果训练的风险太大，而你的企业不容许大规模的失败，也可以选择风险更低的环境训练，如紧迫性较低的环境，或者找一家确定需要渐进式创新的企业。在这样的企业里，失败可以照亮通向成功的路径。下面是我关于人才培养，以及在个人、团队、企业层面创新能力的建议。

个人层面。个人层面也许是最容易的，因为你可以随时调整自己的方法，符合对方的目标、学习风格和步调。在追随者想要学习，而导师和追随者之间的“化学反应”良好的情况下，师傅带徒弟是强有力的内部人才培养的好方法。

团队层面。想要学习，团队必须达成一致意见。要做到这一点，一种方法是找出团队中绝大多数人渴望学得更好或者更不一样的对象。这是组织发展部门的工作职责。

组织层面。先前探讨的大团体介入方法，如黑客马拉松、策略撤离、LogoVisual 思维以及开放空间技术等，都可以帮助整个企业拥抱创新和创造力。

↘ 创新和创造力可以传授吗

亚里士多德也许算不上管理咨询大师，更不是小学老师，但是他睿智地观察到，如果没有心智教育，只有头脑的训练，这根本算不上教育。我很幸运，在我性格和观念的形成期，既受到了头脑的训练，也接受了良好的心智教育。多年以来，我最重大的顿悟发生在为 MBA 授课的课堂里。我认为，尽管没有几位老师能够或者愿意承认这一点，但实际上，教书是最好的学习方式之一。一开始，我只是一个天真的教书匠，最终逐渐积累了一整套广泛而灵活的方法，具备了因材施教的本事，无论我的学生是纯粹的理论家、实验者、反思型实践者，还是纯粹的实用主义者。教学相长，18 年的课堂经验也教了我很多，限于本书的篇幅，不可能都写在这里，只能择其精华，读者可以在本书的配套网站上找到更多信息。接下来的工作，实际是创造力 12 项原则的实际体现，我们在第 3 章里讨论过。

第一课：管理人。第一个切入点一定是理解与你共事的人，确保相互理解。这永远都是值得投入时间去做的事。想让人们分享自己尚未成型的创意，甚至分享流动性知识，必须先让对方感受到高度的舒适感。至少需要了解他们最擅长的专业领域是什么，什么能够激励他们的工作。我喜欢了解人们工作以外的兴趣和爱好，它能带来线索，帮我找到他们的灵感之源，然后顺藤摸瓜地找到释放他们创造力的最有效手段。

第二课：管理氛围。我们在第 3 章讨论过氛围的四个维度，它们在这一章极具信息量。它们是我灵活的样板、实验性和反思性的激发器，能把个人和团队推向“活化能量”。在实际工作中，我还做过很多更不寻常的事。例如，把团队带进森林，随机采集动植物；让坐在椅子上的人漂浮起来；引导想象和催眠；或者用垃圾搭建物品。诀窍是做适合人们的活动。最理想的是，你设计的活动能够预示将要研究讨论的话题。这就是为什么我需要极为丰富的经验。培养信任关系是必需的，但要给传统手段留出空间，完成上述工作。

第三课：管理问题。就像我们在第 4 章里讨论过的，直接跳到解决方案的思考方式几乎都是错的，一目了然的问题或者机会除外。在实际工作中，这意味着管理向后挖掘、理解隐藏在表面问题之下的问题真相。

第四课：管理流程。在传授学生创新和创造力的过程中，我常常发现，过程和结果同样重要。我们需要更多的出色的辅导，更少狂热的偏执，认为结果就是一切。对目标的专注固然重要，但是对目标的偏执是有害无益的。这一点非常微妙，但是非常重要。

氛围变化

利用约翰逊范式各要素间的互动，改变一项文化的样貌，这需要投入长期的努力。相对而言，改变一个企业的氛围要快得多，也能产生显著的效果。氛围与文化不同，前者是企业在特定时间给人的感受如何；而后者是完成工作的通常方式如何。氛围可以比作一家企业的天气情况。我们认识某些地理区域（和企业）特定类型的气候环境，它能帮助我们形成一系列具体预期。例如，那里的景物如何；当地居民可能穿什么样的衣服；当来自另一种文化的人们进入时，他们会不会觉得奇怪；等等。英国处于温带地区，英国的国家氛围是不温不火。但是我们可以在大气候之下创造小气候。例如，邱园[①]建造了很多人工环境，用来种植不同种类的植物。在“行业气候”这个总称之下，各家企业和它们的组成部分都可以创造不同的微观气候，也就是氛围，以此配合不同的具体目的。无论是在顺境还是逆境中，创新的氛围能够带来极大的帮助，让人们感觉工作令人心情愉快，让人与人之间的沟通变得更容易，让紧急情况的应对变得更高效。我们在第 3 章里探讨过，那些帮助创新和创造力繁荣发展的氛围，其背后的价值观是怎样的。接下来的问题是，领导者如何营造这样的氛围？1983 年，戈兰・埃克瓦尔独辟蹊径地定义了氛围的 10 个维度。随后，马克・布朗在海豚指标中把它扩充到了 13 项，我们在第 2 章里讨论过这一点。

氛围维度

投入度	玩兴	志趣相投
自由度	创意增值	工作认可
创意支持	压力	薪酬认可
积极关系	风险承担	
朝气	创意时间	

领导者能确保氛围变得更具创新性。下面是一些实用策略：

- 设计和管理灵活多变的奖励和认可机制，通过各个组成要素，激发个人的工作热情（而不是激发他们的需求和愿望）。这是一种奖励和认可的“大规模个人化”。
- 放松复杂的政策和流程，给领导者和管理者更大的决策空间。例如，把员工守则缩减一半（请不要使用复印机上的“缩印”选项）。
- 培训员工，在面对问题/机会时，不要采用第一个和最明显的解决方案。在完成至少 20 个可选方案形成和评估之前，不要采取任何行动。
- 辅导人们与易变的、不确定的、复杂的和模糊的环境（VUCA 环境）

① 邱园（Kew Gardens），英国著名植物园，位于伦敦西南郊，原为英国皇家园林。——译者注

共处，而不是与之对抗。如此培养人们享受新挑战的心态。

- 鼓励人们通过非正式的关系网络获得创意（如鼓励在咖啡厅和酒馆开会，组织“白日梦”讨论会和智囊团等）。蒂姆·施密特在伊甸园项目的做法就是氛围营造的生动例子。
- 向谷歌和清纯饮料学习物理环境的重要性。可以读一读克里斯·比斯维克的《创新之路》，它能为你带来一个很好的开始。

创造力策略：戴森公司的创新与创造力开发

您更注重“吸引创新人才”加入戴森，还是更注重通过培训之类的工作来“培养有吸引力的人才”？

我一贯重视的人才特质是善于创造、机智灵敏和胆大心细。我们的工程师来自各行各业，有着共同的理念。他们一旦发现问题，非要找到解决的办法才肯罢休。我一直很喜欢招聘那些没有工作经验或者很少经验的大学毕业生。他们第一次面试就有很好的表现。如果你肯在开始阶段就把工作的担子和足够的自由交给新人，那么你很容易就能找到优秀的新人。我们鼓励新人犯错，鼓励他们把事情搞砸，然后奋起直追地弥补错误。这个哲学从戴森成立就存在，到现在从未改变过。

创造力可以通过学习、实践或者训练学到吗？您是否属于“要么天生具备创造力，要么天生不是”的那个阵营？

人类生活的绝大多数技能都是后天学会的。我希望团队不仅能分享我事业的驱动力，更有信心持有与我不同的意见。在戴森只有五个人的时候，我们就是如此；如今戴森发展到5 000名员工，我们还是这样。没有任何一家成功的企业是由马屁精建立起来的。我永远都在搜罗那种充满新鲜的、清白思想的年轻人，把他们安排到我的机器人部门、电子产品部门、声学部门、马达部门，充满戴森所有的部门。这些年轻人一定要勇于探索新的可能性。我相信一张白纸和渴望在行动中学习的力量。

关于发散式思维和聚合式思维的方法和工具，戴森有没有做过专门的正式培训？如果有过，请详细谈一谈。

戴森工程师的培训内容是高度保密的。但是我可以告诉你，创意的实际应用是无可替代的。我们的流程完全是建立在小团队解决问题的基础上的，同时做到心中有大局观。

在戴森公司，“做错事”是受到积极鼓励的。所谓的做错事，指的是尽可能地跳出框架思考问题，不怕探索新的可能性，带来颠覆性技术。这也是我本人一直以来的心智模式。在我发明无尘袋真空吸尘器时，没人相信我的创意，更别提它还配备了透明集尘桶！但是在 5 127 次尝试之后，我做出的吸尘器比任何别的吸尘器都出色。这一理念从 1993 年戴森 DC01 问世到现在，一刻都没改变过。以我们最新的戴森 Big Ball Cinetic 圆筒吸尘器为例。它有着紧凑的气旋盒和弹性橡胶吸头，可以连续工作十年。十年意味着总计两吨的灰尘。而且它根本无须清洗滤网。只有勇于探索新可能性，不畏挑战传统的人们，才能带来这样的技术。

创造力策略：清纯饮料的天真和创造力

清纯饮料（网址 www.innocentdrinks.co.uk）革新了英国和欧洲的健康饮料与食品行业。我与清纯饮料的创新总监丹·巴雷特谈过这家企业的创新与创造力方法。从走进这家企业大门的那一刻起，你会立即发现，它就是第 4 章讨论过的创新与创造力 12 条原则活生生的例子。清纯饮料的使命是“制造自然可口的食物和饮料，帮助人们生活得更美好、更长寿”——简单明快、引人入胜。

品牌推广的创新

其他不论，单就品牌推广和创意的“包装”而言，清纯饮料为别的企业树立了绝佳的典范。清纯饮料在品牌推广中采用了各种参与式策略，例如“大针织”活动，它邀请人们为清纯饮料的冰沙瓶子编织小帽子。这项策略让人兴致盎然，还募集了数百万英镑的善款。丹这样评价基于品牌的创新：

2011 年之前，我们销售的橙汁是装在纸盒里的，所有的竞争对手也是这样做的。所以买橙汁的人很难分辨出来。所以，我们重新设计了包装，把产品和它独有的特点突出出来。与此同时，我们发布了一款与众不同的苹果汁，它是用不同种类的苹果特别混合制成的。我们对产品设计的用心还体现在产品命名上。例如，我们有一款鲜甜菜根汁，加入了苹果汁、胡萝卜汁、柠檬汁和一点点姜，我们称之为“Skip to the Beet”[①]。

理想模型

清纯饮料公司紧密联系用户，倾听他们的心声。这种联系和倾听来自清纯饮料的多个来源，也远远超越了罗斯维尔的“五代创新模式”。清纯饮料一贯秉承尝试和测试的产品开发方式，邀请用户品尝新品，请客户参与到新产品的开发过程中来。这个做法对引入新概念尤其重要，如“清纯的气泡”系列，这款新概念产品是水果汁和矿泉水的混合物，也是这家公司刻意地与“果味水”产品严格区分的。

清纯饮料的人力资源因素

清纯饮料精心选择自己的员工，它依照的是一套清晰设定的价值观：要自然流露，要有创业精神，要有责任心，要有商业头脑，要慷慨。他们是这样描述的：

当我们老了，头发花白地坐在摇椅上，我们可以回首往事，对自己为之贡献的企业感到由衷的骄傲。我们认为，实现这个理想最好的方式就是践行企业的价值观，不忘初心，牢记使命。五项价值观说的是我们是谁、如何做事、我们的目标是什么。它们挂在这座大厦的每一间洗手间里，一刻不停地提醒着我们。

清纯饮料网址 www.innocentdrinks.co.uk

与其说领导是操控者，不如说他们是一群导师，为员工指明清晰的方向和目标。明确的、实时的反馈是业绩提升的实在手段，而不是年度评估的形式主义。把如此简单而重要的工具用好，这样的例子难得一见。

---

① Skip to the Beet，是对“Skip to the Beat”（随着节奏跳动）的戏仿，在英文中，“甜菜”（Beet）与“节奏”（Beat）同音不同字，这个品牌的命名，字面有“随着甜菜根跳舞”的含义，表现了一种轻松欢快的情绪。——译者注

清纯饮料共有两项主要的奖励与认可机制。第一项是“勋带之王/女王”，这是一项月度奖励，包括公司的嘉许和奖金，可以用来请家人或朋友聚餐，以此强调企业对家庭价值的重视。另一项是年度大奖“金瓶”，它相当于清纯饮料的奥斯卡，奖励一年以来最杰出的贡献。

清纯饮料的员工完全集中在一处办公，鼓励不同部门之间的混搭和协作。这加强了思考方式和物理活动的多样化，根据我们的观察，这对创造力和专注力大有裨益。这家企业还通过季度总结大会塑造团队意识，强化不同部门间协同。关于支持创新、创造力和企业的气氛和文化，清纯饮料不放过任何一个细节，堪称教科书式的典范。

支持创新和创造力

据说大哲学家尼采说过：“创造者要完成创造，必先苦其心志……”尼采先生对人力资本开发的观点相当缺少创造力，也许他无法在现代企业的人力资源部门找到工作！尽管如此，他指出了很重要的一点，人力资源热情过头的策略旨在鼓舞员工上进的热心和交流，但是有些员工根本不会收到这种激励。我们都知道，创新活动需要一种“与某事物对抗”的状态得到加强。而对企业工作场合的“消毒”会消除这种对抗，这是一种错误，尤其对那些感觉自己需要赤手空拳地对付创意、资源和人的人来说。所以，在企业内部制造挑战是支持创新和创造力的一种方式。下面的例子说明了领导者是如何通过良好的人力资源、财务和信息资源支持创新的。

↘ 十年之后——塞氏公司与信任

20 世纪 90 年代，作为一项大型乌托邦式试验，里卡多・塞姆勒为他的集团企业塞氏公司引入了一整套相当激进的人力资源政策。包括：

- 逐步淘汰行政岗位，向官僚主义宣战。
- 做除法，更兴旺。把小单位当作企业的基本积木块。我们在前文的“数学创新能力”中讨论过这一话题。
- 自下而上的管理。员工评价上级，负责上级领导的雇用和解雇。在我写这本书的时候，通用电气和埃森哲撤销了年度考评制度，尽管他们没有像塞氏公司那样把领导层置于公司的最底层。
- 工资、目标和奖金由员工自己决定。实施同侪管理式组织原则，而不是层级管理。
- 用工人董事和社会主义的方式团结领导者和员工。人力资源称之为“统一神教”：员工和领导者为同样的目标而奋斗。

弗雷德里克・莱卢在他近年的新著《重塑组织》（2014 年）中重构了塞姆勒的方法。通过卓越的组织，莱卢在他的案例分析中支持了类似的理想。塞姆勒的高明之处在于，它为创造力提供了一种机会，能够跳过中间阶段，审视自己的成功是否具有可持续性。塞氏公司活了下来，为一些人眼中的非常规商业操作提供了佐证。读者可以看一看，哪些适合你的企业。

↘ 维珍式度假

理查德・布兰森第一次知道网飞公司的人力资源政策，是听自己女儿说的。布兰森小姐的电子邮件是这样写的：“爸，快看看这个……我觉得不追踪员工假期这件事，本该是维珍的做法，对吗？”她解释说，一位朋友的公司正在做同样的事，员工普遍感到了士气的振奋、创造力和生产力的显著提高。结果维珍出台了一项新政策，允许员工按照自己的喜好决定假期的长短——可谓真正的“创新”假期。

网飞公司允许所有的领薪员工随时给自己放假，想放多长放多长，无须事前审批，也不会追查员工离开工作岗位的天数。这项政策的基本假定是：员工自己有责任心；不在办公室不会影响员工的业务，也不会影响员工的职业发展。很显然，这种方式最适合高承诺型企业；这也许可以解释为什么别的企业无法轻松地复制“维珍之路”。因为在其他企业里，人们为了生活而工作；而在维珍，人们为了工作而生活。网飞的人力资源政策称：“我们用不着朝九晚五，也用不着度假制度。”（维珍官网地址 www.virgin.com）

↘ 从奖赏到认可

“薪酬”属于赫茨伯格理论中的不满意因素。它的含义在于，如果员工认为自己的薪酬不足，就会产生不满情绪。但是，超过预期的高薪酬并非总能带来长期的激励作用。其他的激励因素与马斯洛需求层次理论中的高阶需求具有更高的关联性，如“自我实现”和“自我”等。“认可”属于赫茨伯格理论中的满意因素。它能带来长期激励，产生更强大的幸福感和参与感。有很多专门支持员工激励的企业，如 O.C.Tanner。但是在我看来，最好的方式是企业自我设计简单实用的认可机制，就像清纯饮料和大都会银行那样，无须外部企业的帮助。就最简单的层次而言，最好的认可方式就是三个字，真心实意地说“谢谢你”。大多数企业认为认可工作系统化的尝试是冒险的，风险在于失去对个性化的把控，而个性化恰恰是让认可成为有利大型激励工具的根本所在。最基本的、简单的、善意的举动远胜于公式化的方法，伊甸园项目的做法就是很好的例子（见下文“食物，美味的食物”一节）。

↘ 斜角巷[①]——跨部门工作

在一家组织内，横向工作或者对角线式的工作需要应对一大挑战：使得网

① 斜角巷（Diagon Alley），小说《哈利·波特》中的虚构街道，魔法世界的经济枢纽，位于伦敦。——译者注

络运转的能力，以及跨部门、跨地域分享知识和技能的能力。Ingentis 公司开发的人力资源软件能够协助横向合作，有效支持部门内部和部门之间的，以及不同地理位置和时间节点之间的创新。Ingentis 软件可以兼容 SAP、甲骨文、PeopleSoft，以及众多其他的领先人力资源系统，还能实现整个企业组织结构的可视化。它能展示组织单位、岗位和雇员的情况，在企业内部实现更高的透明度，协助知识、技能和其他多方面的合作。

在 Ingentis 的帮助下，德国电信集团通过内网的组织结构图实现了全球 29 个国家、50 家企业、22 万名员工的可视化。通过该软件，高管团队可以方便地在会议和演讲中讨论组织变革问题。通过对大数据的合理利用，海量的信息可以在转瞬之间得到深入的处理。不仅如此，各种模拟工具还能直接建造各类型的组织情景（例如，在某个组织单位之内，如果建立或者重组某些工作岗位，将会对整个组织结构带来怎样的影响）。

另一个例子是丹麦的集团企业马士基。在 Ingentis 的帮助下，这家公司能够在内网上显示全球 130 个国家逾 6 万名员工的信息，更好地与思想接近、肤色不同的人们联络与合作。通过与领英等外部社交平台程序的对接，它的功能已经延伸至企业之外。

迈克尔 · 格林

Ingentis 总经理

www.ingentis.com

创造力策略：食物、美味的食物①

伊甸园项目的 CEO 蒂姆 · 斯密特要求员工每年为 20 位同事做一次饭，享受聚会的乐趣，扩大工作的体验。这也是我多年以来领导科研开发团队常用的办法。我会精心准备一桌十道菜的中式大餐，然后大家一起玩游戏、听

① 食物，美味的食物（Food, glorious food），20 世纪 60 年代在美国西区剧院和百老汇上演的音乐剧《雾都孤儿》（*Oliver!*）中的开场曲目，作者为英国作曲家莱昂内尔 · 巴特（Lionel Bart）。——译者注

音乐，直到深夜，人们欢歌笑语、彼此了解，这个效果远远胜于任何会议。

为创新提供资金支持

投入的资金越多，产出的创新和创造力就越多吗？关于研发支出情况的调查表明，同其他大型工业国家相比，英国一直处于较低的开支水平。但是英国在创新的调查中一直得到较高的分数。在 2014 年的全球创新指数中，英国排在第二名。是否可以说，创新的成功更多地在于资金的使用，而不是资金的实际规模呢？

创造力策略：戴森的创新资金

英国应该如何鼓励创业，如何在创造原始价值的个人和企业中保有股权和知识产权？詹姆斯·戴森有更进一步的看法：

戴森公司每个星期的研发投入是 300 万英镑。一直以来，戴森是一家私人所有的家族企业。我们可以把企业获得的利润投入到新的研发中去。说到知识产权，我的想法非常明确，它是保护创意必需的工具。如果离开知识产权，任何技术的研发都是无稽之谈。对于志在全球市场的企业来说，这一点尤其重要。英国想成为世界领先的开发者或高端技术领跑者，她首先应该进一步加强相关的知识产权法律。

创意本身没有什么成本，但是，成功的创新需要高得惊人的成本。所以，企业家要能够看准时机，保证必需的财务资源。其中，很重要的一部分工作是理解企业的内部网络，为自己的创意做好包装，让它引起财务资源控制者的兴趣。对于掌控财务资源的人而言，要更好地理解创新过程，以便做出更恰当的决策，这是他们的职责所在。我们在第 5 章讨论过 Space Synapse 的例子，关于如何与单一资金来源的组织合作，那个例子在这里一样适用。下面是政府在创新支持方面可以有所作为的几件事。

想饲养鲸鱼，先养好鲤鱼。当我写到这里时，英国政府因为默许几家大型企业不纳税，深陷丑闻当中。而在天平的另一端，对创业者的鼓励和支持接近于零。我们需要重新平衡，更多地鼓励小型企业。同时，要用更多的注意力支持竞争中的胜者。

鼓励百花齐放，为高成长型企业多浇水。一些重大创新往往来自初创企业。尽管如此，在美国，初创企业成长为成功企业的比例只有区区 10%，而在这 10%中间，只有 35%能够经营超过五年。首次创业的成功率只有 20%，即便是创业老手，创业成功的概率也只有 30%左右。小型企业承担着政府施加的过度行政管理负担。在企业初创的前几年，成长性是决定其生死存亡的关键。如果政府可以在这段时间里实施减税政策，可能帮助降低失败率。英国还存在知识产权流失的趋势，它发生在企业被更大的企业收购的过程中。这是一种反常的局面，但它受到了公司法关于所有权的保护，也是企业所有权净流失的原因之一。戴森和维珍之类的企业例外，这是由它们的私人所有权属性决定的。这一点值得我们深入考虑。

做好平衡工作。想保持经济繁荣，必须保持私营经济部门和公共部门之间的均衡发展。经济的衰退使得英国的公有部门持续增长。在过去大约 20 年间，公有部门的从业人员的人数从 540 万发展到了 640 万。同一期间，公有部门的负债水平大约翻了两番。我们需要生机勃勃的公有部门，但是，企业想繁荣发展，不被无法带来增价的官僚主义的重压所扼杀，公有部门的规模就要尽可能地小。一边让日光浴工作室、咖啡馆和快餐店承担国民经济基础的作用，一边要支撑一个永远都在增长的公共服务体系，这必然是难以为继的。我们需要与公共部门规模匹配的经济体，后者的收入足以承担前者的开支。

鼓励从小型企业采购。从大型企业到小型企业之间的循环系统是创新的动力来源。如果大型企业能做到从小型企业采购，可以在本行业打通急需的业务渠道，推动行业的发展壮大。

信息、大数据和创新

信息的创造、传播和表达，无论其形式是静默的还是显明的，都是信息时代可资利用的重要战略资源。对于脑力型企业而言，从数据向信息、知识和智慧的转化提供了通向组织型学习和可持续竞争优势的一把钥匙。当我写到这里时，乐购公司看上去未能把来自客户行为的数以千兆计的大数据有效转化为足够的信息、知识和智慧，导致了这家企业近期一系列坏运气。很明显，拥有数据是一回事，用好数据是完全不同的另一回事。

早在大约 50 年前，詹姆斯·马奇和司马贺就在他们开启未来的著作《组织》(1958 年）中预言了信息管理的两难境地。他们不可能预见人类过去 20 年间经历的指数级信息增长。两位学者指出，如果所有的相关信息到位，商业世界的人们将会做出理智的选择，但是：

> 如果理性的人缺少信息，他们有可能做出完全不同的选择。如何选择？只有他们自己知道。他们最多做到“主观的”理智，却做不到“客观的”理智。但是，客观理智这个说法本身假定了某种客观事实的存在，依托于此，才有了“真正的”替代性方案，“真正的”后果以及“真正的”效用。
>
> 马奇和西蒙（司马贺），1958 年

马奇和西蒙提出了“有限理性”的概念。在这一概念之下，人们有意识或者无意识地立足于当时的手头信息做出决策。由此引出的观念是，应该用满意性取代最优性，也就是说，应该优选那些足够好的决策，而不是最优的决策。当信息的存量超过多数人能够合理使用的程度时，管理信息的一项关键作用就是关键数据、信息向知识、智慧的转化，由此引导和形成决策。人类掌控数据能力日益进步，这当然会帮助我们处理更大数量的信息。但是，我们更应该做到“在信息的海洋中遨游”而不是“被数据淹没”。在乐购公司的案例中，企业直接收集的数据集未能覆盖客户购物体验之外的决策，这个事实本身就是乐购需要变革的警示信息。但是乐购未能注意到这一信息，造成了连环惨败。事实是否如此？还存在争议。简而言之，数据不完整的情况很符合马奇和西蒙“有限理性”的概念，这也应了那句老话：“垃圾进，垃圾出。”[①]

罗伯托·阿西翁是 Healthware International 的首席执行官，他热衷于更快更好地传递信息，帮助人们拥有更快乐、更健康、更充实的生活。我咨询过罗伯托，在医疗行业，他如何看待“在信息海洋中遨游”，而不是“被数据淹没”这一问题。

我们生活在一个“全是我的，现在就是我的”[②]社会里。问题在于，如今的数据呈现指数级增长。想真正消费所有的数据，最终只能在千兆量级数据的重压之下神经错乱。相反，人们需要的是优质信息，引导自己做出关于健康的正确决策。而这正是我们企业的专长：数据驱动的个人健康案例，带来真正的理解和更好的健康指标。

罗伯托说的是，在万物互联、信息过载的世界里，如何讲好故事、传达复杂信息的能力。这个案例中的故事，指的是准确的、透明度高的故事，它以详尽的数据、知识和信息为落脚点，不是凭空虚构出来的。

关于信息，还有其他的重要话题，如信息的拥有者、准确度、时效性等。信息的贬值方式与众不同。某些类型信息的半衰期之短，可能远远超出你的想象。有的领导者喜欢独占信息，就像把电力储存在蓄电池里一样。等到需要它的人得到这些信息时，它的价值也许已经化为乌有了。在脑力型企业里，信息必须及时分发到需要它的人们手中，就像通过“国家信息网”一样方便及时。人们必须找到信息过载的解决之道。在本书的配套网站上，我们深入探讨了包括这个话题在内的众多实际领导力和管理战略问题。

● 刻意的训练——鼓励创新

找你的人力资源主管或者业务主管对话，探讨下面几项问题。

① 垃圾进，垃圾出（Garbage in, Garbage out，GIGO），计算机科学与信息通信技术领域的习语，说明如果把错误的、无意义的数据输入计算机系统，所得到的输出结果一定也是错误、无意义的。——译者注

② I want it all, I want it now，英国摇滚乐队皇后乐队（Queen）1989 年作品，意为“我要一切，我现在就要一切”。——译者注

应该如何设计政策，奖励和认可激励策略得当的员工？员工在专长领域以外拓展，机会何在？对于没有明显的、立竿见影回报的探索项目，应给予多少时间？

思考

有些情况下，获得急需人才的最好策略是从人才市场上雇用，而不是在企业内部培养。

培养创新和创造人才不是创新性思维和创造型解决问题技能的培训。有些情况下，它是向前一步、站出人群之外的勇气和自信。引入必备的多样性是一种策略；使用催化手段是第二项；第三项策略是人才的培养。

创新和创造力是可以传授的，但是，它在很大程度上需要体验式学习（通过行动来学习），而不是简单的获取必要的知识，也不是照本宣科式的“活页乐谱”。

创新和创造力的气氛非常重要，但是它的重要性受到了多数企业的低估。领导者的一项关键职责是营造企业的氛围，让创新和创造力成为企业日常生活的常务。氛围与文化不同，它可以轻易地改变，面向创新和创造力策划企业的氛围是企业领导者的重要职责。

想实现跨部门的协作和学习，离不开信任感，它在合作中发挥着底层软件的作用。

绝大多数信息和知识管理系统是面向“垂直式信息时代”设计的。它们需要重新设计，才能适应不同专业的创意相互融合，从多个源头带来创新的新时代。也就是从“飞流直下”到“百川归海”的转变。这意味着从 90 度的数据管理向 360 度的知识管理的转变，有些情况下，不得不进行彻底的系统重构。

第 10 章 成为真正的学习型组织

变革管理之变革

人们普遍相信，远在公元前 500 年，希腊哲学家赫拉克利特就说过：除了变化本身，没有什么是不变的。当然，如今我们把变化看作一种新现象，它带来一种新趋势：在 VUCA 环境中，计划已经失灵，人们最多能做到某种“对于变化的自由即兴应对”。凭借多年以来担任复杂变革引导师和即兴表演音乐家的经验，我可以负责任地说，这是对即兴发挥的根本误解。对于绝大多数熟练掌握即兴发挥的人来说，他们的本领实际上来自大量的日常训练。看上去随意的即兴发挥，究其实质，绝大多数属于“有备而来的自发行为”，它是建立在大量刻意的训练基础之上的。我与希莉娅·E 的谈话确认了一点，那就是准备工作对于即兴表演来说比较重要。希莉娅·E 曾是王子乐队的鼓手和音乐总监，她还和史提夫·汪达、莱昂纳尔·里奇、碧昂丝等世界级音乐家合作过。这些音乐大家的关键技能包括：确定合理期待值的技能；在不确定的情况下善于决断；面对复杂性和模糊性时保持工作的有效性，等等。看起来很矛盾的一点在于，商业上复杂性和不确定性也需要妥善的准备工作，以及管理未知及不可知情况的技能。即兴发挥是把控变革的核心技能之一，它包括情商，主要用来感知和反应。

对变革管理来说，经验是一把双刃剑。它可能造成僵化，所以有人说“老狗学不了新把戏”。另外，对于大行家来说，经验带来的是更广泛的本领，以及在此基础之上的从心所欲的即兴发挥。就像理查德·布兰森爵士一样，他总能用全新的眼光看待新的商业机会。这是变革管理大师的关键特点。

> 无论怎么说，老企业家没有理由不去尝试新把戏。事实上，那些年轻几岁的人比较占便宜，因为我们犯过的错误是他们最好的前车之鉴！
>
> 理查德·布兰森爵士

因为所谓的“千禧世代”的出现，有人试图通过运动式的方法让大家相信人类社会发生了某种基因变化。千禧世代的主要表现是渴望变化，厌弃组织和一成不变的稳定性。实际上，在过去的20年间，人类的生物学特征并未发生任何改变，真正改变的是我们生活中越来越多的“薄片”。我们的生活不断被电话、电子邮件和社交媒体打断，而且这种情况愈演愈烈。这也许会减少我们办好一件事的实际时间，但是，它并未改变基因本身。如今，很多人在组合式职业的范围内工作，他们需要不断地升级自己的知识和技能。在被“X世代”和“婴儿潮”一代称为工作的这件事上，千禧世代取得的没什么不同。关键在于，他们渴望在领导者身上看到真实、胜任、卓越的沟通技能。与我们中的所有人一样，他们也期待了解变化，会为此请教别人，甚至也许比他们的父母做得更多。因为只有如此，他们才能把自己的贡献和变化的目标结合在一起。

想成为驾驭变革的大师，必须学会彼得·圣吉提到的“自我超越”。它指的是学会扩展个人能力，创造最期待的结果，建立一种组织环境，鼓励其中的每一位成员面向选定的目标和结果培养自己。超越常常和在某一领域的无意识胜任能力紧密联系在一起。艺术领域的卓越艺术家常常展现出“神奇”手法。某些情况下，他们无意识地胜任某些领域的一些工作，而这种胜任并非是在这些领域学习的结果。我们之前探讨过的“心流”的概念，它在这里是一个并行不悖的概念。关于变化，这个复杂多变的世界究竟能教给我们什么？

创造力策略：维珍和 VUCA 环境——针对不确定性的谋划

我咨询过理查德·布兰森爵士：VUCA 环境的针对策略应该是什么样的？进入一个不熟悉的领域时，他是如何应对未知和不可知因素的？进入移动通信和外空间旅行领域时，理查德是如何全力以赴地运用这些策略的？

门外汉进入新行业，这是一件有利有弊的事。这在维珍大西洋航空公司刚刚建立时就表现得非常明显。这是重大利好，因为我们来自音乐领域，所以对如何娱乐大众非常有自信。我们向音乐家和魔术师赠送免费机票，前提是他们肯在机舱内表演。我们开创了舱内娱乐设施，还首创了机场休息室，供我们的旅客登机前使用。我们的视角是全新的。之前被行业广泛接受的想法，那些关于航空公司应该是什么样的，不该是什么样的说法，对我们的工作没有任何影响。

但是，外行的眼光只能帮助我们走到这里。想通过实践的检验，获得执飞牌照，赢得航空乘客的信任，我们需要强有力的行业专业知识。我们是从雇用合适的人才开始着手的，这些人才拥有可以证实的行业纪录才能应聘维珍航空。我们还需要行业导师，必须是在业内摸爬滚打多年的老手，如弗雷迪·莱克爵士，他对维珍航空的早期经营带来了巨大的积极影响。莱克爵士创建过自己的航空公司，他给了我们大量的、至关重要的忠告，保证维珍没有犯下不必要的错误。进入一个完全陌生的行业时，不可避免地存在一定程度的风险，要努力寻求恰当的咨询和忠告，这样可以大大降低进入风险。

变革的数学问题

准备是成功之母。

多年以来，我在大卫·格莱西设计的一项简单的“公式”中发现了极大的作用和价值。这个公式是大卫 20 世纪 60 年代在理特咨询公司工作时开发的。随后，理查德·贝克哈德在他的《组织转型》一书中详尽描述了这个公式。考虑到绝大多数成功的转型最终都归功于彻底的准备工作，这个公式被视为成功转型的先决条件。格莱西最初声称，只有驱动力大于“成本”的情况下，变革才有可能发生。根据多年帮助企业解决变革问题的经验，我在格莱西的公式中加入了自己的重点[①]。如下：

$$CT \times V \times F > C^3$$

CT——现状下的创新张力水平（“不满”）。

V——关于未来情形的共同的、有说服力的、有吸引力的愿景。

F——对可行初始步骤的认识。

C——变更的“成本”，包括实际成本和情感成本。

为公式中的每项要素给定数值，就可以清楚地看到，在公式左侧的任何一项要素为零时，公式不成立。也就是说，任何变革都无从发生。对于公式中数学部分的沉迷，我并不赞同。最重要的是粗略浏览变革动态之后，我们能够得出怎样的推论。

如果创新张力（CT）的水平很低，挑战就转变为如何提高有关现状的杠杆率问题。营造紧迫感是创新领导者的工作职责。在企业没有面临危机的情况下，成功做到这一点的难度相当高。它相当于在太平无事时营造“燃烧的平台”[②]的危机意识，借此实现变革。炮制危机感，以此撬动变革，这是一种难度极高的做法，“烽火戏诸侯”，可能危及领导者必需的可靠性，使赖以引领变革所需的信任感化为泡影。无论如何，与变革相关的一项悖论就在于如何未雨绸缪，防患于未然。

我对格莱西公式的改编，说明了共有的、有说服力的、吸引人的愿景（V）

---

① 书中的公式为作者的版本，格莱西的原始公式为：$D \times V \times FS > RC$，其中的D代表Dissatisfaction（不满），V代表Vison（愿景），FS代表First Step（第一步），RC代表Resistance to Change（当前对变革的抗拒）。——译者注

② 燃烧的平台（Burning Platform），该典故来自北海石油平台的一次爆炸事故，一位工人回忆起当时的情景，提到自己在爆炸声中惊醒，发现自己站在距离海平面150米高的熊熊燃烧的平台上，跳海可能会丧命，不跳海一定会丧命。2011年2月，时任诺基亚CEO的斯蒂芬·埃洛普在一份内部备忘录中提到，诺基亚当时面临的困境犹如站在“燃烧的平台”上，势必进行根本性的变革。随着这份备忘录的外泄，“燃烧的平台”一词广为流传。——译者注

的必要性。它是对战略思考过程的参与和介入应有的作用。我们在本书中讨论过的很多创新技巧都能带来强有力的愿景，这些愿景能够克服炮制危机和危险的需求。

关于可行初始步骤（F）的认同感，如果开始阶段不足，就要在变革过程中提高。需要使用一系列参与和接入策略，把人们从合规带入承诺。如果变更的成本（C）较高，就需要降低变革的成本门槛。这是一种创新转型，尤其需要辅导和指引，以及其他为变革赋予意义的工作。只有这样，才可能在没有危机损失迫在眉睫的情况下向前推进变革。

很重要的一点，如果公式中的任何一项缺失，将很难甚至不可能实现变革。把你准备实施的变革套在公式里，并提前预判哪里需要最多的注意力，这是非常值得的工作。许多变革策略把“痛感”用作首要的杠杆，也就是我们常常提到的“燃烧的平台”。变革管理中真正困难的工作在于，如何在平台燃烧之前，利用“痛感”，或者彼得·圣吉所说的“创新张力”（1990 年）为变革获取动能。

● 刻意的训练——透视未来

1. 把格莱西的公式套用在你准备实施的变革中。可以使用 1~10 为公式中每项要素打分，得出成功变革可能性的半量化的指标：

$$CT \times V \times F > C^3$$

2. 你从公式的应用中学到了什么？你会为此做些什么？

变革的生物学问题

生物免疫系统会像对抗肺炎一样摧毁救命的移植皮肤。同样的道理，文化免疫系统也会像对付犯罪一样摧毁有用的新想法。

罗伯特·波西格，《禅与摩托车维修艺术》作者，1999 年变革管理策略的方法非常广泛，这些方法形成了一个从“硬方法”到“软方法”的连续体。尽管硬方法不代表高难度，软方法也不代表轻松的选择。在“硬方法”的一侧，我们能发现类似企业流程再造和项目管理等方法。面对纯机械性质、能够提前确立清晰目标的变革时，这些方法是非常有效的。但是，当存在很多复杂的“抗解”人事问题，并且需要通过一定的试验来发现目标时，这些方法的效果就非常差强人意了。20 世纪 90 年代一系列企业流程再造遭遇重大失败，原因正在于此。在那些案例中，在试图理顺抗解组织问题时，这些方法没有得到恰当的运用，导致了最终的失败。

而在连续体的另一侧，是系统思维和组织发展等方法。组织发展带来一种比“硬方法”更具生物学意义的新路径，为 VUCA 问题的成功解决带来巨大的可能性。有些领导力问题无法轻松地用电子表格或者任何线性方式改变，为了解决这些问题，我们在这里研究组织发展的艺术和规程。

↘ 组织开发

希腊作家索福克勒斯（公元前 497—公元前 406 年）睿智地指出，深思熟虑的结果与囫囵吞枣的结论一定是不同的。变革的道理也一样，智慧的作用一定比表面方法的作用深远。组织发展方法的基本假定是，想让变革发生，企业需要在很长时间之内保持头脑、心灵和精神的深度投入。组织发展的基本根脉扎在心理学、社会学、政治科学和人类学当中。在这个需要快速变革的世界里，组织发展似乎不是最受欢迎的变革方式，因为它要求诊断，要求人们对目标变革的深度介入，以及在开始阶段有对结果的不确定性。从性质上说，组织开发的方法可能更慢，同时也更紧迫。但是，从长期来看，相比那些被误认为变革管理真经的冒牌方法，组织发展是一种更加有效、成本更低的好方法。通常情况下，组织发展需要利用外部变革媒介，虽然名为“外部”，这些媒介并非一定要来自组织之外，但必须是可以独立行事的人，尤其在不得不挑战一个团体或者整个组织常规的情况下，“独立行事”这一点尤为重要。可以通过互动和迭代循环图把组织发展变得更直观可见。

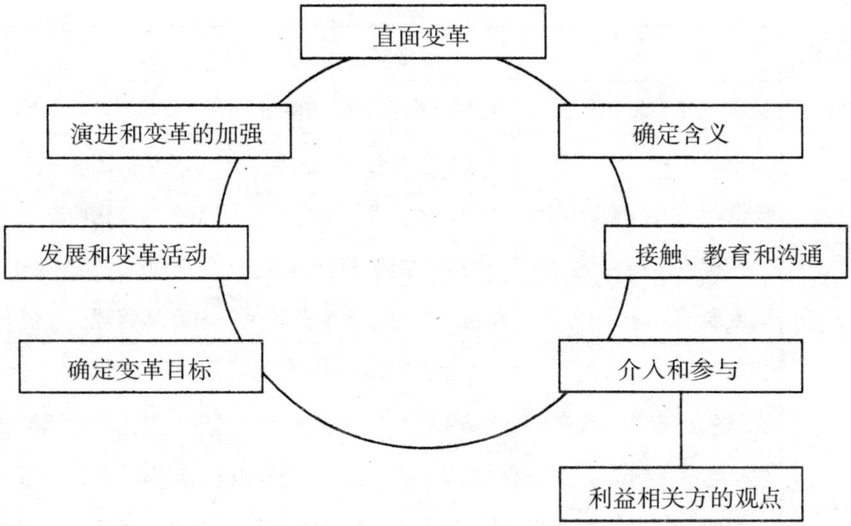

依据需求的水平和所需变革的深度，这个循环图可以转化为若干替代性组织发展策略。

变革的层次	变革的深度		
	行为（正在发生什么）	结构（需要怎样的系统）	背景（怎样的环境）
企业	低迷的士气，有害的张力而不是创新张力，阴谋论，糟糕的市场重心 **对策：调查反馈、标杆管理**	错误的目标，错误的或者存在误解的战略；与目标不匹配的组织结构；缺乏外部测量系统 **对策：改变组织结构**	错误的地点、错误的市场、错误的人群、错误的技术、错误的时间 **对策：更改策略、地点和布局，改变文化，增强业务的流动性**
团体之间	低劣的合作，不健康的冲突，未解决的情绪 **对策：团体面对面沟通；岗位澄清与谈判**	基于孤岛的项目方法，互动困难 **对策：重新定义职责，改变汇报关系；跨界者**	不同的次级单位价值观、生活方式和物理距离 **对策：拉近精神和物理距离，调换工作，增强社会互动**

续表

变革的层次	变革的深度		
	行为（正在发生什么）	结构（需要怎样的系统）	背景（怎样的环境）
团队	不良的关系、氛围、承诺，欠佳的领导风格 **对策：流程咨询、团队发展**	任务和岗位定义欠佳，领导者职责过载 **对策：重新设计工作或者岗位，自主性团队工作**	糟糕的团队组成、环境、资源，性格冲突 **对策：改变技术、布局和团队组成**
个人	个人与目标错配，对变革的反应差，没有学习机会 **对策：辅导和职业咨询，工作设计，职业发展策略**	岗位定义不明确，任务过于简单或者过于困难 **对策：工作设计，目标管理**	糟糕的遴选、提升和培训，奖励和目标错配 **对策：改变“原材料”，提高培训工作，激励和工作业绩挂钩**

假定

- 组织发展是通向变革的人文主义路径。它的基本假定是，在得到恰当的机会和适合的组织结构，拥有足够的应对空间的情况下，所有人最终都会成为自我指导的人。
- 组织发展假定：企业需要成为一个整体，同荣辱、共进退。所以，必然出现企业压制个人信仰和价值观的倾向性。
- 组织发展把我赢你输式的零和冲突视为低劣的组织设计的结果，对企业的长期目标不利。

优势所在

- 组织发展也许是所有变革方式中最兼容并蓄的一种，它涵盖所有的利益相关方，带来长远的一致性。
- 组织发展是一种“顺势而为”的变革方式。它更多地关注“整体系统”，借助较低层次的变革撬动整个企业层面的、最大效果的变革。

- 组织发展重视政治现实。这意味着，一项变革一旦取得一致意见，它的实施会更快、更彻底。

潜在的错误

- 误以为，只要参与就一定能带来富有成效的变革。须知，只有理智和情感同时认可变革有利可图时，这一点才是有效的。如果变革被看作"过年的饺子"一样的摆设，那么它很难实现。
- 误以为，假以时日，一定能达成必需的共识；基于这一共识，一定可以从实施的速度和效果中获益。
- 误以为，参与度越高，决策的提升程度就越大。不要忘了，在某些情况下，它带来的是伪决策和低层次的妥协。我曾见过很多公共部门企业中发生这种情况，屡见不鲜。这种情况通常是组织之内的政治因素，或者外部的干扰形成的。

把错误降到最低

- 要清楚地认识到，参与和领导力并非一对同义词。
- 要认识到，组织发展是一种长期的，而非立竿见影的解决方案，要为之提供恰当的资源，就像我们在诺基亚和富士胶片例子中看到的一样。

变革的智慧

开始设计阶段之前，有一种寻求理解和筹备变革的三阶段方法。只有先完成它，才能进入实施阶段。我非常支持这种做法。尽管它听上去分为三个独立的阶段，实际并非严格清晰的流程，它通常存在很多反复，需要即兴发挥和创造力来解决未知和不可知的因素。无论如何，当我们在迷雾中摸索前进时，它能为我们提供一定的指引。

↘ 诊断

迷雾中的摸索。实际上，VUCA 变革是不可能预先确知的，但是，我们还是需要为它设立一个终点，只有这样，人们才有可能参与变革。如果设立终点太过困难，至少也要设定中间的节点目标。重大的变化常常伴随着不严整的过程，因为在一开始的时候，不可能确知变革将如何发展。尽管如此，几乎所有人都会错误地认为，可以一边推进一边弥补。这不是严肃的即兴表演艺术家的工作方式，也不是商业领域的好榜样。在这样的条件下，一定要有一种顶层管理团队能够学会、接受并持续回应的手段，这一点至关重要。

有意义的衡量。即使硬指标得来不易，依然要为业务的现状设置一些标记点，并对变革将带来的变化有一个大概认识。只有如此，人们的工作才能取得进步。我们讨论过选择衡量手段的必要性，它们一定要具有意义，不能只图方便或者图省力。

营造积极的而不是消极的张力。制订计划，创造条件，让变革成为可能。这可能需要先理解理想的未来，再着手改变现状。想要变革，要让人们感觉到对理想未来的需要，借此革新那些过时的东西。在不存在危机可供借力的情况下，领导者务必在新旧之间营造一种积极的张力，才能做到革故鼎新。

培养变革冠军。想要你的变革影响尽可能多的人，就需要发现、动员和支持一支骨干团队，一支由变革冠军组成的核心团队。这些人拥有广阔的人际关系网络，被视为意见影响者，能够同时接触到早期多数用户、后期多数用户和落后者。关于这三类人群，我们在第 6 章的接受曲线中已经讨论过了。变革冠军不一定非要来自“创新者”阵营。

理解阻力。为了确定变革的阻力，科特和史莱辛格定义了从磋商到强压的一系列策略，这些策略的实施方式依照环境和风险程度的不同而不同。“强压”这个词听起来很“烫手”，但是在转型环境里，它也许是保护企业未来最有效的方法之一。参与可能孕育奉献，但是它需要比下表右侧的方法耗费更长的时间。这里的关键在于，领导职权的直接运用不能超出风险和环境的要求，我们在第 3 章的权力部分讨论过这一点。

看似矛盾的是，我们经常需要把强烈阻挠变革的人拉入“支持者俱乐部”。

应对阻力的策略	教育和沟通	参与和投入	引导和支持	谈判与和解	操纵与合作	隐性或者显性的强压
优势	最有可能获得对方积极活跃的承诺和始终如一的坚持			立竿见影，可以确保与变革保持一致的合规行为		
劣势	可能耗费更长的时间，而在整顿转型期间，时间通常比较宝贵			可能导致离心离德，可能对未来的变革项目积累大量的问题		

我们要敞开大门，欢迎所有观点明确的人，无论他们的看法是积极的还是消极的，只要他们的观点是值得动员的，都要吸收进来。其中，最难动员的是“冷漠的大多数”群体。这些人习惯了从众，根据他人的行为做出自己的决定。重要的是，如果他们目睹持反对意见的群体遭受了权力的碾压，可能会对改革持观望的态度。

↘ 设计

时间和时机。要对时间表有个清晰的认识。在快速走向失败的业务中实施全员参与的变革是不合时宜的；另外，在“稳定状态”的经营活动中，开展没有必要的快速变革也是不恰当的。

做一名全局思考者。变革常常是牵一发而动全身的。要全面考虑到它对整个系统的影响。

选好切入点。采用自上而下、自下而上还是侧翼切入的策略。很多变革项目同时采用了这三种策略，例如，一项变革的战略愿景通常属于企业的顶层设计（不确定性网格的象限 3）。而对于部分关键参与者而言，他们采用的是自下而上的方法，来具体决定该策略应该如何实施（象限 2）。

↘ 实施

准备工作、准备工作，还是准备工作。为了实施变革，要让企业放松下来。库尔特·勒温把变革过程比喻为三阶段的过程：解冻、改变、重新冷冻，就像我们改变家里冰箱中冰块的形状一样。

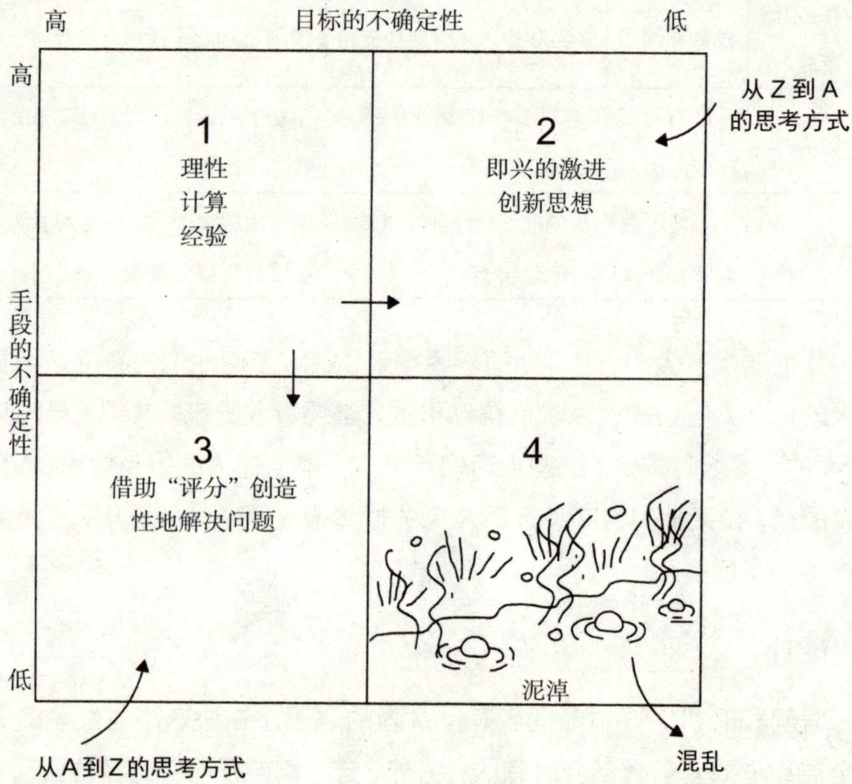

争议在于，重新冷冻的过程很少能够彻底完成。我们身处持续变革的时代，领导者可能会把企业保持在液态或者熔融状态当中。无论如何，员工需要一定程度的稳定状态，才能发挥最大的能动性。如果一家企业中遗留太多“未竟事业”，这些残余会占用一定的能量，而这些能量本来是可以直接用于未来项目的。

利用能量。通用汽车前任首席执行官杰克·韦尔奇说过，领导者首先要充满能量，一帆风顺时需要，一筹莫展时更加需要。所以，请努力为自己充电。产生变革实施所需能量的最佳人选不一定是精心设计变革流程的人。要动员变革冠军，为他们提供发言的平台，保证他们的持续动力和奉献。

沟通、沟通、再沟通。找到那些与长期目标一致的变革早期标志物，认可和支持它们。建立模糊性管理的辅助体系。可能需要设立论坛，协助人们在

“新”与“旧”的冲撞中理解混乱，理解矛盾。

往复。在新问题发生的过程中解决它们。新问题可能在变革进入实施阶段时才发生，我们不可能在计划阶段或者图表阶段就预见所有问题。重要的是，要在计划中预留出应对这些问题的余地。要明确地建立一套用来倾听人们意见，并且做出积极回应的流程。善于在 VUCA 商业环境中驾驭变革的企业有很多，诺基亚就是其中的典范。

↘ 诺基亚的持续变革

从木材行业到通信领域，诺基亚的故事本身就是永恒变革的写照。1865年，采矿工程师弗雷德里克·伊德斯坦姆在芬兰建立了他第一家木材纸浆工厂，诺基亚的历史从此开始。其后，这家企业陆续制作过胶鞋、轮胎、电话机和动力电缆……当然，还有坚不可摧的手机。

在苹果手机问世时，诺基亚没有预料到自己的终极衰落和出售给微软的结局。这足以说明，即便对世界上最伟大的企业而言，战略侦察是必不可少的。如今，诺基亚再一次踏上了变革之路。诺基亚领导力部门的全球主管乔尔·卡斯是这样讲述诺基亚故事的：

诺基亚致力于培养善于学习、善于在不确定的环境中发展壮大自己的领导者。诺基亚的领导者更多地把自己放在支持和挑战团队的位置上。这与“命令与控制”型领导风格截然不同。我们期待领导者打破内容的形成和环境的形成之间的平衡。在团队的支持下，领导者要做到对业务环境的充分理解。

诺基亚希望领导者能够接触、倾听和采纳来自团队的创意和想法。员工希望通过内外部社交媒体相互连接，对于员工队伍的本质，领导者要做到抓得住、跟得上：了解哪些人希望接触和介入；哪些人了解数据并能够接触数据；哪些人是受过教育并且期待持续发展的？简而言之，就是要跟得上脑力型企业的想法。

为了增强领导层对易变的、不确定的、复杂的和模糊的业务环境的耐受能力，诺基亚把讲师请到公司的项目中来，帮助领导者理解技术是如何颠覆一切的，公司是如何开展业务的，以及如何引领行业的。我们邀请演讲嘉宾，挑战领导者的思维，帮助他们跳出到专业直觉之外，进入战略直觉。前者的典型特点是基于熟悉环境的快速瞬间判断，而后者的典型特点是领导者对多样性和不同的视角持开放态度，领导者有能力把彼此离散的部门一个点一个点地串联起来。

培养领导者

我们与领导者之间就变革而做出的沟通，是通过 5W 和 1H 完成的，它们都很重要，尤其是：

- **为何**。领导者需要变革。我们要对诺基亚的业务环境开展科学的观察，并把变革建立在这个基础上。
- **何事**。新的领导者看上去和诺基亚新的领导力模型非常相似。

以招聘为例，对于立足于行为的面试环节，我们希望所有领导者和人力资源经理中能够运用领导力模型。该模型还可以用于晋升、接任和培养计划等方面的决策当中。除此之外，我们把管理系统当作控制范围来审视，以此识别是什么在阻碍领导者有效地把时间用在培养人才上面。

- **如何**。为新领导者树立榜样。这大体描述了诺基亚是如何通过简单实用的行为来领导的。例如，我们定期举行“季度讨论”①，讨论季度业绩和发展情况。另一个例子是“不过三”法则，它要求领导者尽力保证所有话题、决策、输入信息不能超过三项，以此确保每位参与者注意力的专注，让结果更明确。

下面是尼克·奥博伦斯基的观察，他是变革项目的设计师，也是《复合型高适领导力》（2014 年）的作者：

---

① 源自诺基亚公司的一项名为“1 in 90 Dialogue”的内部谈话机制，即每隔 90 天，主管需要同团队中的每位成员进行一次长度为一小时的对话。由此推断，“1 in 90 Discussion”应为“每隔 90 天，主管与团队成员进行一次长度为一小时的讨论”，故此简译为“季度讨论”。——译者注

该项目的关注点放在中层经理身上，这是因为跨企业工作是很多价值的来源，而在跨企业工作当中，最不可或缺的关键角色正是中层管理人员。在整个诺基亚集团实行一对一的业绩辅导机制，为了让它的效果和影响力翻番，我们还实行了联合辅导的机制。在当今的个人及组织学习中，反思型实践已经成为一种核心要素。领导者每天至少需要花上 5 分钟自我反省，每周至少 10 分钟反思，上个星期学到的新知识如何应用到下两个星期的工作当中。这个小小的习惯很好地呼应了尼尔·列维京博士的神经科学研究结果，带来了极大的红利。

尼克·奥博伦斯基，个人专访

早期影响

对于项目影响力的整体评估而言，这属于早期阶段。但是，变革的早期征兆已然可见：

- 我们开始看到，有人以自己是诺基亚的领导者为荣。例如，我们举办了脱口秀式的会议，大约 1 000 位诺基亚的领导者参加，谈论他们是如何在各自岗位上实施新型领导方式的。
- 我们最资深的团队完成了新的 360 度领导力评测。这些领导者成为新领导方式的忠实支持者，他们也正在积极推进 360 度方法的益处，确保培养计划的顺利实施。
- 领导者专门拿出时间，与团队成员一对一地讨论工作目标、发展和福利问题。
- 高层管理团队拿出专门的时间，以小组为单位，讨论为了展示新的领导力心智模式，他们可以做出怎样的奉献。

打破障碍

我们发现了培养领导力的几项障碍，这里提到的领导力指的是应对 VUCA 环境所需的领导力。诺基亚一直寻求能够推动价值创造的人才和有能力引领创新人才之间的平衡。

1．领导者在放弃控制时表现得很挣扎，这是因为他们依然把自己的职责看作结果的运营和实现。这并不是多么令人惊讶的事。从历史上来看，企业奖励和招聘的标准一直都是员工的智商和推动结果的能力，而不是他们与人打交道的能力，更不是提出、推动和引领变革的能力。正因为如此，诺基亚希望领导者能够更多地授权，能够放开手，担负起辅助者或赞助者的角色，而不是“展示和讲述”的角色。这也是我们在整个组织内部广泛学习变革应对的根本原因。

2. 领导者想变成本领域的专家。他们知道问题的答案，依靠过去的经验，试图重复和使用过去很有效的方法。很明显，在技术的变革一日千里的今天，领导者需要学着尝试新事物，还要善于向他人求教。要认识到这一点，我们已经把类似创造力、掌控模糊性的能力以及创新管理的这些能力纳入了领导力框架中。另一个实在的例子是近期的# Marketechhuman 对话，它说的是我们应该如何帮助领导者走出自己的舒适区域，让他们不无痛苦地意识到，变化就在我们周围发生着。

3. 把权威式领导风格中运行良好的系统和流程（如批准权力的层级、入口、指导委员会等），套用到以创新和价值创造为核心的“支持与挑战”型领导风格中，就变成了障碍物。诺基亚发现，过多的批准层级与加强授权的目标背道而驰。我们还通过去除标签（如需要或者提倡的改进）和分布曲线的方法改进了绩效和人才管理系统。让领导者更多地拥有结果，更深入地介入到员工培养的过程中。

既然变革是连续的，组织务必保证自己的学习也是连续的。既然如此，真正的学习型组织想象起来、看起来、感受起来究竟是什么样的呢？

剖析学习型组织

> 学习型组织的成员持续不断地扩展自己的知识面，以此创造期待的成果。学习型组织是新模式和发展性模式孕育成长的沃土，也是释放共同理想、帮助人们不断掌握集体学习方法的场所。
>
> 波得·圣吉，1990 年

学习型组织擅长变革。它们富有灵活性和反脆弱性。反脆弱性的含义是，当遭遇混乱或者环境变化时，它们反而会变得更强大。更重要的一点，学习型组织擅长在没有“燃烧的平台”式的危机时实施变革，所以总能领先他人一步。我想起几年前与辉瑞制药一位高管的对话，当时辉瑞刚被评为全球第一的制药企业，这位高管充满了志得意满的劲头。我提醒他，做第一很容易引起骄傲自满。而且，抵达峰顶的人只有一条路可走：下坡路。这个预言不幸成真了。即便在没有明显需求的情况下，一如既往地接纳和学习，这才是真正的学习型组织。在我的模型中，我使用的是众所周知的 4W 和 1H 的创新清单。要点如下：

什么。它指的是学习的层次。单回路型学习，也被称为**适应性**学习，以规避失误为目的。在多数企业中，它属于持续改进的范畴。双回路型学习也被称为创造性学习，主要关注对假定和意见的挑战，以此改变潜在的行为。三回路型学习也叫转化式学习，它以“为什么”学习为核心（例如，对心智模式或者基本范式的彻底改变，以此创造新的意义）。持续改进必不可少，它是所有优秀组织成长的必经之路。但是，仅仅依靠持续改进无法成为了不起的组织。根本性的组织变革大多与创造性学习和转化式学习息息相关。变革催化剂的作用越来越大，它可以帮助企业更清晰地意识到那些指导日常行为的无意识假定，而新的商业模式恰恰就是来自日常行为的。如今，对于绝大多数组织而言，它已经成为一项必不可少的角色，这就好像鱼儿离不开水，但是鱼不会时时刻刻挂念着水的存在。

何人。学习型组织正如其名，它不像一些人误以为的那样，只是一群参加培训课程的人们聚在一起。但是，个人的学习可能在学习型组织中发挥作用。在组织发展的矩阵中，学习型组织的学习活动是在团体、团体间、企业和超企业层面开展的。整个企业层面学习的难度高于个人层面的学习难度。一些观察者提出，企业是不会学习的，对此我不认同。为群体学习设置适宜的条件，这完全需要依靠领导者，换句话说，这些条件指的是我们之前讨论过的文化、组织结构、技能和资源等。无论是个人的学习，还是企业的学习，它们所能到达的层次是精心选择的结果，也是优秀企业领导力的体现。

何处。学习型组织的学习对象来自企业内部、市场，甚至来自竞争对手，我把这种类型的学习称为“360 度学习”，彼得·森奇和罗伯特·弗里茨称之为“系统思考”。如果把企业视为一个由相互连接的组件组成的系统，那么，系统思考要能够横跨和超越这一系统。学习型组织从不畏惧学习，无论是正面模范，还是反面典型。也就是说，如果事情发展不顺利，它意味着一个最重要的学习机会的到来。大都会银行就是一个杰出的例子，面对客户的投诉时，其他银行选择了无动于衷，而大都会银行选择从中学习，并且使它成为整个组织的习惯。

何时。在别人不想或者不需要学习的时候，学习型组织会选择学习。这意味着,企业不仅需要为计划内的学习提供支持,还要为偶然的学习提供空间。戈尔公司的“干私活”时间就是为偶然学习提供空间的一个好例子。对于学习型组织而言，一份日常的学习“定食”应该包括关于今天、明天以及更长时间的学习。有些奇怪的是，它一定还要包括对历史的学习，因为历史是前车之鉴最丰富的宝藏。我花了很多时间帮助企业，从它们已经忘却的失败项目中发掘无价的经验教训，有些项目的湮没是人为的结果，为的是挽回少数人的颜面或者保护他们的自尊心，他们恨不得把这些项目从企业的记忆中彻底抹去。

如何。谈到学习这个字眼，话题总是立刻转移到培训上，这样的对话屡见不鲜。然而，学习的方法是一个庞大多面体，培训只是其中的一个面。按照学习的需求不同，真正的学习方法盛宴可以分为学习知识、学习技能、学习态度和价值观：

- **学习知识**。它包括书籍、互联网、在线学习平台、几乎所有的电子媒体等。需要老师知识传授的年代已经离我们远去了，我们正在进入一个新时代，在这个时代中，需要学会的是如何吸收海量的数据和信息，将其转化为知识和智慧，为我所用。这是 21 世纪最宝贵的技能。
- **学习技能**。技能需要实践，而不是仅仅满足于内在化。因此，依然存在积极开发技能的必要性。想象一下，尝试学会没有键盘打字，或者单凭看书学会骑自行车。有些技能也许可以通过在线学习，通过观察别人的做事方法来掌握（如视频案例研究等），它确有一定程度的存在空间。但是，对于一些软技能而言，除了身体力行的操练，根本不存在别的学习方式。这些操练有时可以在安全的条件下进行，有时不得不在真枪实弹的环境下进行。

- **学习态度和价值观**。教育对一个人的态度和价值观念影响有限，它更多地属于体验式的艺术。在乐于接纳、乐于学习的主题之下，辅导和指导是很有帮助的。我们已经在第 3 章和第 9 章里探讨过这个话题了。

↘ 向同事、客户和竞争对手学习

企业和市场之间彼此模仿战略和实践的情况是不可避免的，它会通过竞争性情报、雇员的流行等多种方式发生。如果仅仅为了“对标”或“赶时髦”，“偷”算得上一种有效的策略。然而，跟随他人很难成为竞争优势的可持续来源。它是商业战略层面的“复制粘贴”。我曾和软机器乐队的约翰·埃瑟里奇集中讨论过这个话题，他是一位吉他大师，曾经与史蒂芬·格拉佩里、约翰·威廉姆斯、奈吉尔·肯尼迪等著名音乐家有过合作。埃瑟里奇指出，很多伟大的吉他演奏家根本不是科班出身，这就意味着他们会把新的要素带入演奏中来，而这种演奏往往被科班背景的人看作是“错”的。其中的例子包括杰夫·贝克，他创造了一种右手弹奏的独特技法，它是任何教科书上都找不到的，和其他名家也没有半点儿关系，无论是吉米·亨德里克斯还是爵士乐名宿乔·帕斯。正是这种“错误性”成就了这些音乐家独一无二的“招牌动作”，相对于那些“复制粘贴”的模子里倒出来的千人一面，这种招牌动作为艺术家带来了长久的艺术生命和可持续发展能力。

因此，无论任何形式的“偷窃”，它永远带不来卓越。在商业世界里，窃用他人的创意尤其是个大问题，因为创意的基本要求是与“宿主”组织的匹配。绝大多数的组织都是复杂的适应性系统。这就好比，器官移植手术进行到一半时，才想起接受者的身体会不会发生排斥反应的问题。放在商业环境中，汤姆·彼得斯的“创新切换”策略要好得多。创新切换的含义是向多个来源学习，更重要的是，采用最适合你自身条件的那一个。这可以把排斥反应的风险降到最低，对创意采取独特的处理方式，赋予它更长远的价值。

很多年以来，路虎集团在汽车领域一枝独秀，把竞争对手远远地甩在身后。尽管路虎集团后来因为英国宏观经济的原因走向了衰落，但是，是什么让这家企业在如此长的时间之内一直保持着竞争优势。这个故事值得再讲一遍。它的成功，有一部分来自各业务单元之间的创新切换，而且这种切换是非常认真地开展的。路虎开创了跨地域、跨功能界限横向协作的先河。他们把横向协作和对创新切换带来创新的奖励计划联系在一起。这个计划最非比寻常，也是其成功的关键，在于它会同时奖励创意的发明者和“盗窃”创意的人，因为他们在不同的环境下接受和应用了这项创意。这个案例是在整个路虎集团的运用，而不是某一个小部门一时兴起的做法。路虎还把自己的成功归功于不盲目追求商业世界中的时髦，那些肤浅的、每周变换的流行风尚，而是长时间坚持几项最根本的原则。这本身就是一种无价的、恒久的道理，它在过去管用，如今依然管用。在商业世界里，时尚冲浪的例子俯拾皆是，带来成功的寥寥无几。

另一种常用的学习方法是通过员工的建言计划鼓励向同事、客户以及竞争对手学习。2014 年一年之内，巴斯夫实施了超过 2.3 万条的员工建议，带来了 3 800 万英镑的收入。这家企业几十年如一日地实施建言文化，它如今已经变成了企业文化的一部分。建言计划必须恰当地实施，否则很容易伤害员工参与的积极性。尽管如此，员工建言计划依然是一笔非常划算的经济账。通过“开放式创新”，这种方法可以用于企业的边界以外。巴斯夫和葛兰素史克都张贴了自己的需求清单，鼓励潜在的协作和联系。实质上，这个方法超越了罗斯维尔的“五代创新模式”中的第五代。我们在第 6 章讨论过罗斯维尔的模型。

➘ 去学习是痛苦的

标准的铁路轨距是 4 英尺 8.5 英寸，世界上大约 60%的铁路是按照这个标准修建的。相传这个轨距是由当时的工具决定的，当时的工具最初是用来制造马车的，所以铁路的轨距与当时马车的轮距是一样的。而马车的轮距是由路上的车辙沟决定的。传说最初的车辙沟是罗马的战车压出来的，而罗马人建造战车的宽度是两匹马并驾齐驱所需要的宽度，约为 5 英尺。如果这些传说都是真的，那么我们可以说，现代铁路的轨距是由罗马帝国决定的。这个故事要说明的是，古老的习惯很难轻易消失。纳西姆·尼古拉斯·塔勒布在《反脆弱》一书中指出，人类用了差不多同样长的时间，才意识到可以为行李箱装上轮子。

去学习（Unlearning）是一个扬弃的过程，改变或者忘记那些与当前和将来需求变得无关的观念和行为。什么是“去学习”？相信那些曾经试图改掉积习的人们，如尝试戒烟的人们，一定深有体会。人类投入了海量的精力说服大家学习和变革的必要性，想想有多少讲座、活动和课程是以学习为标题的。相反，我们花了非常少的时间用来忘记或改变那些过时的习惯。举个例子，人们很难预定和参加一场“去学习”讲座，这种讲座的成功依照参加者准备从自己的简历中删除的知识、技能和观念的数量来决定。不止如此，很多的绩效考评系统倾向于把重点放在“工业考古学”上，把考评的重点放在对过去业绩的考察上，忽略未来的挑战。就在我写这本书时，埃森哲正在废除年度评估体系，代之以持续反馈文化。即便延续过去的评估方式，至少也要把向后看和向前看的比例保持在 20∶80 的水平。很明显，埃森哲和通用汽车的方法立足于向后看。没有哪家企业拥有一种规章制度或者成套的体系，询问自己的雇员“今天你忘掉了什么”或者“今天你成功地挑战了哪一项陈规”诸如此类的问题。

在 21 世纪，成功的变革管理更多是关于去学习，而不是学习。在实际生活中，去学习在相当程度上难于学习，因为很大程度上，学习已经内化成为一种集体的心智模式或者范式。我们在第 7 章讨论过约翰逊和斯科尔斯的范式模型。它说明了这些系统的自我增强属性，以及改变这些文化需要付出的相当可观的努力。我们接下来看富士胶片的例子，这家企业需要快速完成去学习，与此同时完成一件世界上难度最高的工作之一，那就是与自己现有的业务竞争并且最终吞并它，实现自我变革。也就是说，富士胶片需要一边左右互搏，一边改变自我，一边快速地“去学习”。

↘ 自我竞争

在市场竞争中拼力搏杀，同时完成创新，这是件很难的工作。那么，如果你必须同自己现有的业务竞争，而新的业务并没有成功的把握，又会发生什么呢？富士胶片 Speciality Ink Systems 部门的业务牢牢扎根在丝网印刷的传统流程中，它是一种几乎可以追溯到古埃及时代的古老技术。他们的产品一般用于制作体积较小，但是高度装饰的物件上（如标签、CD 盒等），以及较大的物件，如海报、车辆彩绘等。在数字印刷产生的初期，富士胶片大胆地决定进入这一领域，成为最早一批数字印刷技术的接受者，而当时这家企业的所有投资都还在丝网印刷业务中。下面是富士胶片的总裁彼得·科尼汉的讲述：

很明显的一点，当时喷墨印刷已经表现出对传统丝网印刷的威胁了。数字技术很好地遵循了摩尔定律，也就是说，技术的输出能力每隔 18 个月就会增加一倍。考虑到这一变化的快节奏，我们使用“狗年”来思考数字研发的时间（也就是说，模拟世界的 1 年=数字世界的 7 年）。1999 年，我们在工厂里成立了一个小部门，它和“臭鼬工厂”很像，如今已经成长壮大，成为我们的数字业务部门。为了进入喷墨印刷领域，我们从公司内部抽调了有能力也有意愿的技术人员作为骨干，加入商务专家和一些已经在喷墨印刷行业耕耘的人们。我们偏爱的商业模式是“剃刀/剃刀刀片”方式，我们想开发一项来自喷墨业务（剃刀刀片）的、长期的、可消费的收益来源，但是我们缺少进入配送系统（剃刀）的钥匙。我们和 Inca 公司建立了合作伙伴关系，它拥有突破性的印刷机技术，但是没有进入市场的渠道，而我们拥有市场的通道，而且这个市场上存在着对新技术的初期需求，这让我们的合作伙伴关系成了完美的互补。我们的业务策略非常急迫，我们要从自己做过的工作中快速学习，并且持续改进。开始时，我们研究了三种商业模式，最后落在前两项上：

1．销售打印机系统和墨水。

2．向喷墨印刷机或者墨盒的厂家出售墨水。

3．等待市场成熟，供应墨水的替代产品。

四年之内，这个部门被公司回购，进入主流业务。如今，数字业务已经占据了公司活动的 95%。

富士胶片 Speciality Ink Systems——精密工程与精密化学

成长的烦恼

最初的想法是，在不伤害现有丝网印刷业务的前提下，开辟出一条市场新路。情况很快变得明朗起来，我们不得不迅速吃掉自己的旧业务，因为它已经形成了内部的阻力。还有一件事，尽管新业务部门和其他部门是各自独立的，但是它和即将取缔的业务部门在一个地点办公。很多人对新业务部门抱着疑虑的态度，认为它很快就会失败。直到所有人清楚地看到喷墨印刷带来了更广阔的市场份额，这种情况才得到改变。

未知因素

人力资源总监马尔科姆·福莱尔指出，招聘那些适应能力强、乐于挑战未知旅程的人是必不可少的。这实际上属于“收买”型人事策略，而不是“培养”策略。在领导者的选择方面，是否值得信赖，是否拥有良好的声誉，是否拥有良好的人际关系网络，是否具备良好的商业头脑，以及是否拥有技术背景，这些都是成功的关键考量因素。培养区域冠军是让业务从初级阶段发展到行业规模的关键因素。彼得指出，公司业务在美国的转折点出现在堪萨斯州。他们在那里安装样机的时候，美国 MD 一看见这台机器，很快就从“普通选手”变成了数字冠军。这同时说明，创意需要做到可视化，才能更容易地被人采用，尤其在创意的概念需要“眼见为实”的情况下。

失败可以鞭策成功

一开始，一些重大的技术问题缠绕着我们，如影随形地。有一项棘手的技术问题两三个季度未能解决，几乎让我们关门大吉。是一位日本富士胶片的资深经理救了我们，他为我们提供了辅导，坚持查找根本原因的刚性方法，而不是一而再、再而三地重蹈错误的覆辙。从那一刻起，我们发生了从质量控制到质量保障的观念转变。我们把重心放在流程控制上，这让我们以“首次就做好”为基础，成功地利用数以百计的原材料制造出数以千计的产品，成了化学行业的令人艳羡的企业。

人力资源的促成作用

有些人无力做出从模拟到数字的转型，这一点可以从文化的角度看得非常明显。马尔科姆观察到，“我们未能成功地把一些销售人员转型到新业务中来，因为当时流行的观点是销售人员可以销售任何产品”。马尔科姆关键的贡献之一，就是他把关注点放在那些拥护数字技术的人身上，而不是试图培养多功能型人才（既擅长传统的模拟业务，也擅长新型数字业务）。

在标准的人力资源杠杆方面，新业务部门的业绩管理指标与其他部门完全相同。新生事业免受攻击的关键，在于与主营业务部门的经常性沟通。

> 在业绩管理方面，企业借助近距离的一对一的培养模式，与人们的学术发展并行，下大力气培养适应能力。遨游数字时代，需要持续不断的学习，不仅包括学术学习，还包括实践学习。想在富士胶片成为高效的一员，必须把自己塑造成 T 形人才。在这一点上，我们得到了法人单位的巨大支持。在很长的时间之内，包括 BP 石油公司和 Saratoga 私募基金在内的法人单位给了我们巨大的自主权。我们因此证明了技术的可行性，并把它扩散到市场上去。
>
> 波得·科尼汉、马尔科姆·福莱尔
>
> 富士胶片 Speciality Ink Systems 部门

思考

在易变的、不确定的、复杂的、模糊的（VUCA）市场里，只有最富灵活性的企业才能最快地行动，最具有韧性，也最充满生机活力。面对 VUCA 环境时，有目标的即兴发挥是发挥领导能力的核心技能。

快速的变化需要人们成为同样快速的学习者和创新者。这和不停追逐时髦的人存在微妙的差别。要做到这一点，保持韧性和快速恢复能力离不开情商技能的支持。

面对变化时，好的准备胜过一切。我们在前面的章节讨论过格莱西的公式，在采取行动之前，这个公式能在一定程度上预见未来的情形。

使用组织发展的方式完成变革，能够为变革的参与带来更大的意义，而不是零敲碎打地完成一个接一个的课题。表面化的变革方法只能影响表面。

适应性学习是必要的，但是，想保持领先优势，仅靠适应性学习是不够的。学习型企业需要在生成层面和变革层面学习，才能保持卓越。诺基亚就是一个很好的例子，它为我们树立了一个通过复合型高适领导力不断探索的典型。

“复制粘贴”的学习方法无法带来卓越，因为变革不像 U 盘一样“即插即用”。相比之下，“创新切换”策略能够更可靠地在企业内部、企业之间完成实践转化。

学习型企业必须学会“去学习”。“去学习”要比学习难得多。但是，我们要直面新的挑战，要和地球母亲更加融洽地相处，就必须“去学习”。

从内部转变方向、与自我竞争，这要比应对外部威胁难得多。富士胶片的案例为我们带来了有关自我竞争的宝贵教训。

反侵权盗版声明

举报电话：（010）88254396；（010）88258888

传　　真：（010）88254397

E-mail：　　dbqq@phei.com.cn

通信地址：北京市万寿路 173 信箱

　　　　　电子工业出版社总编办公室

邮　　编：100036